百科通识文库新近书目

百科通识
文库

戴维·斯特里特 著

王维倩 李世存 译

『垮掉派』简论

外语教学与研究出版社

北京

京权图字：01-2021-5890

图书在版编目（CIP）数据

"垮掉派"简论／（美）戴维·斯特里特（David Sterritt）著；王维倩，李世存译. —— 北京：外语教学与研究出版社，2022.1
（百科通识文库）
ISBN 978-7-5213-3719-8

Ⅰ．①垮… Ⅱ．①戴… ②王… ③李… Ⅲ．①英语-汉语-对照读物 ②诗歌研究-美国 Ⅳ．①H319.4：I

中国版本图书馆 CIP 数据核字（2022）第 121699 号

出 版 人　王　芳
项目负责　姚　虹　周渝毅
责任编辑　徐　宁
责任校对　周渝毅
封面设计　泽　丹　覃一彪
版式设计　锋尚设计
出版发行　外语教学与研究出版社
社　　址　北京市西三环北路 19 号（100089）
网　　址　http://www.fltrp.com
印　　刷　紫恒印装有限公司
开　　本　889×1194　1/32
印　　张　6
版　　次　2022 年 8 月第 1 版 2022 年 8 月第 1 次印刷
书　　号　ISBN 978-7-5213-3719-8
定　　价　30.00 元

购书咨询：（010）88819926　电子邮箱：club@fltrp.com
外研书店：https://waiyants.tmall.com
凡印刷、装订质量问题，请联系我社印制部
联系电话：（010）61207896　电子邮箱：zhijian@fltrp.com
凡侵权、盗版书籍线索，请联系我社法律事务部
举报电话：（010）88817519　电子邮箱：banquan@fltrp.com
物料号：337190001

目 录

图 目

第一章

起源与本质

20 世纪 50 年代后期至 60 年代早期，一小批作家凭借离经叛道的语言方式及对战后美国社会盛行的从众主义和保守主义的迎头痛击，开始向美国文学中的传统观念宣战。作为后来被冠名为"垮掉的一代"的先驱和榜样，他们创作出一系列极具煽动性的作品，涉及性、种族和阶级等主题，将讨伐矛头直指那个时代的虚伪和禁忌，代表作家及其作品有杰克·凯鲁亚克（Jack Kerouac）的《在路上》（1957）、艾伦·金斯堡（Allen Ginsberg）的《嚎叫》（1956）和威廉·S. 巴勒斯（William S. Burroughs）的《赤裸的午餐》（1959）等。

尽管他们只是一个松散的群体，没有形成有组织的运动，但垮掉派成员均对肤浅而贪婪的美国文化深感失望。正是这种不满驱动着他们寻求一种在艺术和精神上都更适

合自己的思考、生活和创作方式。由于不时受到东方宗教
的影响，他们的生活方式和艺术作品颂扬了漂泊、叛逆、
内省和率性。随着他们活动的知名度不断增大，一些躁动
不安的年轻人开始纷纷效仿，引得主流社会对垮掉派嗤之
以鼻，认为这是一种充斥着性、毒品和形而上学的肮脏的
亚文化。但是这种批评反而助推了垮掉派的声望，使他
们能够独树一帜——比如凯鲁亚克说他自己拒绝"叛乱"
和"暴动"，而是主张"秩序、温柔和虔诚"——这成为
那个时代的文化战争中一个引发激烈争议的象征符号。凯
鲁亚克、金斯堡和巴勒斯是垮掉派中最负盛名的作家，紧
随其后的有诗人格雷戈里·柯索（Gregory Corso）、劳
伦斯·费林盖蒂（Lawrence Ferlinghetti）、加里·斯奈德
（Gary Snyder）、戴安娜·迪·普利玛（Diane di Prima）,
嬉皮士尼尔·卡萨迪（Neal Cassady）和卡罗琳·卡萨迪
（Carolyn Cassady）夫妇，以及其他一些不太知名的人物。
他们生活及描写的地方从格林威治村和旧金山到墨西哥，
再到西欧和北非。他们沉迷的话题是毒品、音乐、性活动、
精神性，他们急切地想在这个倦怠的世界里探寻到费林盖
蒂所说的"奇迹重生"。

尽管垮掉派以白人男性为主，但仍有一小部分成员是非裔美国作家和女性。迪·普利玛和安妮·瓦尔德曼（Anne Waldman）对垮掉派诗歌和诗学理论做出了有力贡献，对美国文学产生了可观影响，同时以激进的政治主张、新颖的教学方法以及卓越的文学建树获得了认可。鲍勃·考夫曼（Bob Kaufman）被称作"最初的比波普人"[1]，那些年他以即兴的诗歌吟诵活跃在旧金山的街头巷尾和咖啡馆里，相比用纸笔记录，他更愿意在任何听众聚集的地方表演诗歌。

另一位更有名的非裔美国垮掉派成员是阿米里·巴拉卡（Amiri Baraka），他于 1967 年将原名勒鲁瓦·琼斯（LeRoi Jones）改为现用名。20 世纪 50 年代中期，他退役后居住在格林威治村，结识了垮掉派作家及其他一些进步文人，建立了图腾出版社，出版了凯鲁亚克、金斯堡、迪·普利玛等人的作品。他还编辑了一本小杂志《文化》，并与迪·普利玛合作编辑杂志《漂浮的熊》。作为一个既受欢迎又颇具争议的诗人、剧作家、出版商、善辩者、教

---

1 比波普爵士乐盛行于 20 世纪 40 年代后期到 50 年代早期，其特点为节奏奇特、使用不谐和音、即兴演奏等。——译注，下同

授和激进分子，巴拉卡在垮掉派盛行的年代及其后的岁月里都留下了独特的印记。

　　垮掉一代的成员希望通过对消费主义、物质主义和清规戒律的激进反叛来激发他人，同时净化自己的生活和灵魂。从这方面讲，他们的价值观预示了随后所爆发的一系列抗议运动的价值观，如 20 世纪 70 年代达到高峰的反越战运动和 2011 年的"占领华尔街"示威游行。然而，与政治抗议者相比，垮掉派力主在深刻内省的基础上重建意识，借用凯鲁亚克形象的说法，就是要陶冶出"不可言喻的个人幻想"。他们主张通过变革思想来变革社会，而不是相反。垮掉派作家和其追随者就是通过培养激进的思想和极端的风格来挑战固有的智慧，抵御主流文化的同化，并无心插柳地为后来爆发的那些规模更加浩大、更加一触即发的社会变革奠定了基础。他们的影响随着 20 世纪 60 年代中期嬉皮士运动的兴起而逐渐减弱，但在现今的文学、电影、音乐、戏剧及视觉艺术领域仍可以感受到他们的深刻影响。

喧嚣的二十年代，肮脏的三十年代

亲历了美国经济大萧条后，垮掉派在第二次世界大战时期成年。其中年龄最大的巴勒斯和诗人赫伯特·亨克（Herbert Huncke）的童年记忆见证了美国 20 世纪 20 年代所发生的变化。凯鲁亚克出生于 1922 年，另外至少还有三位重要的垮掉派人物出生于 1926 年这个不同寻常的年份：金斯堡、卡萨迪和作家约翰·克列农·霍尔姆斯（John Clellon Holmes）。霍尔姆斯与其说是垮掉派领袖人物，不如说是垮掉派事迹的主要观察者和记录者。最年轻的垮掉派代表人物有：1930 年出生的柯索、1933 年出生的彼得·奥洛夫斯基（Peter Orlovsky）以及 1934 年出生的迪·普利玛。

最直接影响垮掉派的文学前辈是所谓的"迷惘的一代"的作家，这是由一批旅居海外的美国人组成的非正式群体，其称号来自格特鲁德·斯泰因（Gertrude Stein）的一句话："你们都是迷惘的一代。"欧内斯特·海明威（Ernest Hemingway）将这句话用作他于 1926 年出版的第一部小说《太阳照常升起》的题词。这句话表达的意思是：

由于经历了第一次世界大战，整整一代风华正茂的年轻人失去了 20 岁左右的年轻人本该享有的文明和睦的生活。他们懵懵懂懂、跌跌撞撞地从这场人类历史上最野蛮的冲突中走出来，普遍缺乏方向、重心和生活目标这些对他们父母那辈来说（大概）是理所当然的东西。他们几乎犹如字面意义表达的那样，"迷失"了。

到 20 世纪 20 年代后期，"迷惘的一代"的称号较少用于那些复员的欧洲士兵，而更多地用于开始活跃在巴黎塞纳河左岸及其附近地区的美国作家。他们深深地迷恋上了巴黎这座城市对极致现代主义文化所持有的开放姿态，同时也为优惠的汇率带来的低廉生活成本（这一点也同样重要）所吸引。巴黎成为他们的避难所，使他们能够逃离依旧为维多利亚风气所笼罩的美国社会，那里仍存在禁酒令，在性问题上也比较拘谨。这些旅居巴黎的美国作家各具特色，既有大男子气概的海明威，也有脆弱敏感的 F. 斯科特·菲茨杰拉德（F. Scott Fitzgerald）。声名显赫的先锋派作家斯泰因、T. S. 艾略特（T. S. Eliot）、詹姆斯·乔伊斯（James Joyce）和埃兹拉·庞德（Ezra Pound），以及敢为人先的出版商兼书商西尔维娅·比奇（Sylvia Beach）

也都跻身于此。他们或许真的迷失了，但他们令人震惊地高产，并且改变了当时的文化范式：创作了颇具革新精神的散文和诗歌；鼎力支持诸如福特·马多克斯·福特（Ford Madox Ford）的《跨大西洋评论》等新期刊；聚集在蒙帕尔纳斯的小餐馆里推杯换盏，彻夜长谈（白天也常如此）。

1929 年，由于虚高的股市一夜崩盘，二十年代一下子失去了往日的喧嚣。股市的崩盘给近至美国远至澳大利亚等其他国家的人民带来灭顶之灾，其后的十年被称为"肮脏的三十年代"。1931 年，美国局势进一步恶化，当时干旱和弥漫沙尘的"黑色风暴"席卷了美国南部和西部大部分地区，将农田变成了尘暴区，导致人们陷入贫困、疾病和痛苦之中，直到 1939 年降雨终于恢复正常，局势才有所好转。情形如此糟糕，再加上其他因素，如欧洲移民的涌入和揭露黑幕的新闻报道，促使 20 世纪 30 年代的美国爆发了大量的进步运动，包括新一波团结起来的工会。流行文化也如火如荼地盛行起来：好莱坞制片厂的有声电影取代了无声电影；连环漫画中超人首次登场，随同出场的还有大名鼎鼎的疯狂猫、巴克·罗杰斯以及其他一些滑稽角色。

社会的蓬勃发展使美国人对未来保持一种乐观态度。当一些欧洲和亚洲国家转向法西斯主义和军国主义寻求出路时，美国人则希望 1932 年新当选的总统富兰克林·德拉诺·罗斯福（Franklin Delano Roosevelt）能用不那么激进的办法解决问题。许多人视他为不露声色的社会主义者，急切地让政府在各个方面采取行动。而事实上罗斯福却是一个不露声色的保守主义者，他利用政府来恢复社会平衡，为名声受损的资本主义和民主制度正名。第二次世界大战最终使美国从经济大萧条中解脱出来。战争的爆发为政府干预提供了便利之道，民众认为政府的干预是必要的，称赞其为爱国主义之举。战时动员使无数人重返工作岗位，而战争的胜利也将美国人的爱国士气推到几十年来的最高点。

不太美好的五十年代

二战后美国一跃成为世界头号强国。从马歇尔计划在国外的推行到信用卡消费在国内的激增，这一切都助推了美国的经济腾飞。房地产开发商向精打细算的家庭推销城郊整洁漂亮的房子作为安居之所。新锐科学技术的应用使生活更轻松有趣,至少对中产阶级来说是这样。报刊上铺天盖地满是关于"操控原子"将如何在未来更好造福人类的预言。然而,人们的心理和精神健康感受却无法与国家的物质繁荣相得益彰。那些常用的词汇,如"殊死竞争""孤独人群""组织人"等揭示了人们对战后经济繁荣带来的一系列副作用的疑虑与不安。《组织人》《穿灰色法兰绒西装的男人》等畅销书对**从众主义**的探讨成了一种时尚之举。共和党人、二战英雄德怀特·D. 艾森豪威尔(Dwight D. Eisenhower)两次当选美国总统则是**保守主义**盛行一时的最好佐证。麦迪逊大道的广告产业和商业电视影响力的暴涨为**消费主义**的发展推波助澜。**趋同势态**力压多元主义,那些所谓的不言而喻的价值观得到鼓励与认同,而诸多社会秩序的缺陷——经常涉及种族、阶级和性别的不平等——却被大众达成默契地掩盖。**常识**通常意味着听信朋友和邻居所言,而不相信知识分子和"学究"在高档的书中发表的见解。**冷战妄想症**滋生了麦卡锡主义、反共的政治迫害以及一种对苏联计划用核武器毁灭"自由世界"挥之不去的恐惧感。

人们对这些问题的不安情绪在 20 世纪 50 年代随着时

间流逝而不断加剧。富人与穷人间的鸿沟难以消弭。人们大量举债来满足消费欲望的行为导致不必要的债务缠身。从烤面包机到汽车，当消费者刚刚对这些商品产生依赖时，它们却适时地报废了。"有计划报废"这种制造业策略使商品的使用期受限，从而刺激着消费者不停地消费。许多坐落于城郊的社区整齐划一，以至于那一栋栋花园洋房和精心修剪的草坪看上去几乎一模一样，没有任何区分度。即使广受拥戴，艾森豪威尔总统也无法轻易地得到民众支持，修建他梦寐以求的州际公路系统。他不得不假借托词，推说这是一条为美国在受到苏联攻击时能高效地将核导弹运送至战略要地的新路径，这才让计划得以实施。这个国家还包藏邪恶的种族歧视，在南方诸州合法推行，肆无忌惮；而在北方诸州虽然更隐秘，却同样令人忧虑。

凯鲁亚克在他职业生涯早期就已经洞察到这大多数的问题。他与生俱来的怀疑倾向在其 1949 年完成的第一部小说《镇与城》中显露端倪。其中有这样一段，其深刻揭露了社会的复杂性，一个人无声地对马萨诸塞州小镇的邻居发出一连串讥讽的警告："看在上帝的分上，千万别出格……小心预算。你有责任在身哪，你知道的。爱你的老婆和小家伙们吧……学会忍受上级的责难。不管干什么，千万不要反抗！"这段话生动形象地表现了垮掉派宁愿退出腐朽的社会体系，也不愿被动参与其中。"至于我，女士们先生们，"凯鲁亚克的小说人物总结说，"我要抛弃这艘即将沉没的船。"

你必须适应！

当然，大多数人并不打算弃船而逃，而且许多权威人士认为从众主义是一种良善的力量，能缓减复杂而快速发展的社会秩序中不断出现的紧张和冲突。但是这种顺应社会主流趋势的想法却令一些思想家感到不安，他们认为社会应该适应其公民，而不是相反。文学评论家马克斯韦尔·盖斯马（Maxwell Geismar）在 1954 年写道，在艾森豪威尔时代，文化艺术深受社会和学界的从众主义的影响，以至于迷信和无知成了常态。另一个对从众主义持怀疑态度的是社会学家威廉·H. 怀特（William H. Whyte），他在 1952 年为《财富》杂志所写的一篇文章中创造了"群体思维"一词。他认为，尽管从众心理自古以来一直存在，但现代从众主义在理性催化下已经成了一种真正的哲学理念，它将典型的人视为环境的产物，而非一个能够自我决断的个体。

这些思想家及其他知识分子旨在警醒现代化的社会提防"他者导向行为"（大卫·理斯曼［David Riesman］语）的独裁。1956 年，精神分析学家罗伯特·林德纳（Robert Lindner）的警告尤其振聋发聩。他拒绝遵循党派路线，也不接受任何传统范式。他对"适应"的部分声讨如下：

你必须适应……这是镌刻在每一间保育室墙壁上的箴言，摧毁人之独立精神的进程由此开始。人一出生就开始从众……

你必须适应……这是每本教科书上都印写的传说，每块黑板上都隐藏的信息。我们的学校成了制造机器人的大型工厂……

你必须适应……这是铭刻在每个教堂、犹太教堂、大教堂、庙宇和小教堂大门上方的清规戒律……

你必须适应……这是缝绣在所有政党旗帜上的标语口号……

你必须适应……这是各种不思进取、安于现状的科学领域所依赖的信条,是治疗困惑的药方,是缓解焦虑的慰剂。因为精神病学、心理学以及由它们衍生而来的医学或社会学科已经沦为了魔鬼的代言人或从众主义失控的学徒……

林德纳的警告是不言而喻的。根据当时流行的观点,那些不能以正确方式"适应"的人会养育出少年犯,会被迫辍学,会惹怒上帝,会投票支持不爱国的党派,会使他们的精神分析师大失所望——这都是过于坚持标新立异的人面临的一系列可怕后果。

在涉及性的问题上,人们尤其强调适应。20世纪50年代,性活动受到法律和习俗的双重桎梏。尽管同性恋恐惧症一词当时尚不存在,但这个现象却无处不在,异性恋者也被告诫要保全贞操直到结婚。在实际生活中,这意味着年轻人越来越早地步入婚姻殿堂,然而在很多情况下,只会变得无聊厌倦又躁动不安,尽管他们总在一些大众心理学杂志上读到关于"患难与共"的说教文章。女性时尚呈现出新维多利亚的气息,要求穿着定型文胸、凸显曲线的紧身衣、高跟鞋等,它们包裹着女性的身体,使其俨然

成为壁垒森严的城堡。在等待"意中人"出现并携手走向
婚姻的神圣殿堂时，人们会观看诸如《老爸最知道》《反
斗小宝贝》之类崇尚家庭的电视节目。大胆一点的人会细
读阿尔弗雷德·金赛（Alfred Kinsey）在 1948 年和 1953
年发表的、广受关注的男女性行为报告，或者阅读有色情
倾向的畅销书。《花花公子》杂志于 1953 年首次刊发，突
破了杂志的色情尺度。其第一期刊登了一张玛丽莲·梦露
（Marilyn Monroe）的裸照特写，同年她成为美国顶级女
影星。

尽管色情娱乐在 20 世纪 50 年代广为流行，但它往往
带有一种"只可远观而不可亵玩"的禁忌，表明了在国民
道德观中对性的**需要**与**拒斥**兼而有之。"不可亵玩"的思
想主要针对社会上对性非常在意的那个群体，即年轻人。
他们为数众多，出生于战后婴儿潮时期。随着他们进入青
春期，他们遇到许多年长的人热切地向他们推销这个时代
的特色产物，从杂志、电影、电视节目到这些媒体宣传的
各种商品。青年文化由此诞生——经销商现将其作为特殊
市场加以开发，它有自己的习俗、规矩、机会和执迷。美
国大地上生出了新的事物，并且这个新事物有利可图。唯

一缺乏的是一个源自青年文化内部，却能大胆地戳破它的幌子、揭穿它的谎言的反主流文化群体。"垮掉的一代"于是应运而生，登上了历史舞台。

回忆 "迷惘的一代"

如同前辈 "迷惘的一代"，垮掉派也在一场世界大战之后成长起来，他们将前人视作自己群体在精神上和美学上的先驱，认为他们体现了与自己相似的信念，即进步的文学和艺术作品是遗忘昔日噩梦与缓解当下焦虑的良方解药。与 "迷惘的一代" 一样，垮掉派也与异国他乡结下了不解之缘，这次粗野的墨西哥取代了国际都市巴黎。墨西哥是一个历史悠久、流传着众多神话的国度，这里对毒品管制松懈，足以为威廉·S. 巴勒斯所称的 "难民嬉皮士" 提供投契的栖身之处。垮掉派记录者约翰·克列农·霍尔姆斯完美地概括了 "迷惘的一代" 的世界观：二十年代喧嚣的这代人首次登场时，"坐在敞篷车里，歇斯底里地狂笑，因为所有事情再没了意义"；他们去了欧洲，不知道自己是要追寻一个纵欲的未来，还是逃离过去的清教陈规。霍尔姆斯接着说，"迷惘的一代"的欢闹是一种绝望又轻浮的人生态度，也是一种萦绕于心、挥之不去的失落感。

在这段叙述中，我们可以清晰地窥见垮掉派的痕迹。然而这两个群体之间也有差异。比如说，垮掉派主要在自己的国家树立声望，而且他们当中只有少数人对乔伊斯、庞德和艾略特等人在作品中所塑造的极端错综复杂与支离破碎的世界感兴趣。更进一步说，正如霍尔姆斯指出的那样，"迷惘的一代"全神贯注于宗教或其他方面的信仰缺失，而许多垮掉派成员则执迷于对信仰的需求。或者如凯鲁亚克在 1958 年所说的那样，"迷惘的一代"立足于"讽刺又浪漫的否定"，而垮掉派则"竭力寻求肯定"，追寻"对狂喜之至高境界的绝对信仰"。因此不难理解在许多重要的垮掉派作品中会有浓厚的宗教色彩，如金斯堡 1961年的诗歌《珈底什》、凯鲁亚克 1965 年的小说《孤独天使》等。

佛教与精神导师

垮掉派属于内省型艺术家，专注于不可言喻的个人幻想，因此他们对指引者和精神导师持谨慎态度，即使是在精神导师受到狂热追捧的 20 世纪 60 年代，当时的事例之一是"披头士"乐队将印度圣哲马赫什·约吉（Mahesh Yogi）捧为大名人。然而，门徒训练是佛教传统的一个重要部分，凯鲁亚克、金斯堡、斯奈德等虔诚的佛教徒笃信精神导师即菩萨的观念，认为他们更多的是信奉者个人佛性的精神表象，而不是一位领袖或老师。对他们来说，追寻和敬仰菩萨便是在广袤尘世中寻求教化、升华自我神性境界的途径，而菩萨则通常是被物质社会抛弃的流浪者。凯鲁亚克 1958 年的小说《达摩流浪者》是垮掉派对这种探求的最全面阐释。凯鲁亚克的精神旅程复杂曲折：他起初信奉罗马天主教，一度有过无神论的念头，后又信奉一种将佛教和基督教融合的信仰，最终信奉了深受佛教教义浸润的罗马天主教。这些不同阶段几乎在他所有的作品中都被或明确或隐晦地不断提及。

直到 20 世纪 50 年代中期，金斯堡的诗歌中才出现宗教方面的内容。但到 1956 年《嚎叫》一诗发表时，他已开始潜心求索一种表现形式多样的扩展意识。20 世纪 60 年代早期，他意识到有必要对头脑的最大潜力进行更加集中而有效的研究，而就在这时他发现了东方思想。尽管许多年前凯鲁亚克曾向他介绍过佛教，但是他在访问印度期间对佛教进行了更为深入的探索。在亚洲游历两年后再次回到美国，金斯堡将他的宗教顿悟用作平衡精神世界的倚靠，投身于 20 世纪 60 年代的反建制政治运动中。

在那个动荡的年代里，作为诗人、公众朗读者、歌手、音乐家以及社会活动家的金斯堡名声大噪，几近沉迷于物质世界中。然而，他对佛教的兴趣并未减退，与西藏佛教

图 1. 1955 年春夏，金斯堡在他与爱人兼诗人伙伴彼得·奥洛夫斯基共同居住的旧金山蒙哥马利街 1010 号公寓的客厅里创作了《嚎叫》的第一部分。

导师丘扬·创巴·仁波切（Chögyam Trungpa Rinpoche）
的交往甚至重振了他的热情并使他最终皈依了佛教。创巴
出生于中国西藏，是西藏一个重要的佛教导师。在西藏和
平解放后，他到印度学习，又到牛津大学修读比较宗教，
之后在其美国追随者的力劝下移民美国。在美国他成了一
个颇具争议性的人物，性丑闻缠身，酗酒无度（他47岁
死于与酒精相关的肝脏疾病）。然而他的讲道却娓娓动听，
强调深度冥思是收获顿悟和认识的途径。他的信条和南传
上座部佛教传统的信条一样，认为不需要对某一具体的神
灵顶礼膜拜，在生活中即可实现修行。

　　金斯堡受创巴吸引并不意外。创巴喜欢自发与即兴，
蔑视社会惯例，他一心想写诗，并向金斯堡传授宗教教导
以换取诗歌方面的帮助。与创巴的另外一个弟子、垮掉派
诗人和演员安妮·瓦尔德曼一样，金斯堡发现西藏传统中
的"狂慧"思想与自己对"正确"文化规范的拒绝态度不
谋而合。不过，创巴的思想和行为还是使许多潜在的追随
者疏远了他，其中包括垮掉派作家和知识分子肯尼思·雷
克斯罗思（Kenneth Rexroth），他曾经说道："许多人相信
[他]，毫无疑问这对美国佛教造成的危害比任何在世的人

都严重。"

无论如何，创巴是位精力充沛的创业者。1973 年他创立了金刚界集团，一个协助他在北美开展活动的伞状组织。次年，他在集团总部所在地、科罗拉多州的博尔德市建立了那洛巴学院，后来发展为那洛巴大学，是美国第一所获得正式认可的佛教大学。[1] 遵从那洛巴大学融汇东西方思想的校训，金斯堡和瓦尔德曼于 1974 年受创巴之邀来到学校建立了杰克·凯鲁亚克虚体诗歌学院。金斯堡生前每年夏天都到学院授课，而瓦尔德曼至今还在该学院工作。学院如今还囊括了大学的写作和诗歌系及夏季写作项目。至少从这些方面来看，创巴留下了一笔丰富的遗产。

另一位与颇具争议的精神导师有着千丝万缕的联系的重要垮掉派人物是菲利普·惠伦（Philip Whalen），他是一位旧金山文艺复兴运动诗人，在凯鲁亚克的小说中以不同的名字出现过。惠伦在高中时期接触到佛教，从此一发不可收拾，成为垮掉派圈子中最热切的佛教学者。大学期间他的室友是未来的诗人和环保主义者加里·斯奈德，后

1　那洛巴大学创建于 1974 年，其校名源自 11 世纪的一位印度佛教圣哲那洛巴（Naropa）。

来他追随斯奈德的足迹前往日本，于 1969 年至 1971 年间在那里生活。或许是因为曾在太平洋西北地区的山区当过孤独的山火瞭望员——斯奈德和凯鲁亚克也有过这样的经历——惠伦于 1973 年成为一名禅僧，并在善达·理查德·贝克（Zentatsu Richard Baker）担任旧金山禅修中心住持期间与该中心有密切联系。被指控与女学员有不正当性关系，并利用禅修中心成功的商业活动牟利后，贝克于 1984 年离开中心。而惠伦蒸蒸日上的事业并未受到影响，在 2002 年去世之前在美国两个佛教中心担任住持。他也曾在那洛巴学院教书，出版过几本反映禅宗思想的诗集，受到眼光独到的读者的热心追捧。

性……

从流行的刻板印象来看，20 世纪 50 年代被公认为现代性压抑程度最高的年代。这一认识有一定道理。哥伦比亚广播公司播出的电视情景喜剧《我爱露西》（1951—1957）的制片人被禁止在剧本中使用"怀孕"一词。电影和电视节目中的夫妇分床而睡。因为电影《俏女怀春》（1953）中一个人物说了"处女"一词以及电影《金臂人》（1955）中另一个人物吸食了海洛因，好莱坞制作人奥托·普雷明格（Otto Preminger）便在影片审查上遇到了麻烦。哥伦比亚广播公司要求综艺节目《小城名流》（1948—1971）只播放摇滚歌手埃尔维斯·普雷斯利（Elvis Presley）腰部以上的画面，因为早前节目中他扭动髋部的动作招来了震耳欲聋的抗议声。

尽管如此，20世纪50年代人们的原欲冲动与其他年代的人们一样强盛而充沛。虽然在公众领域对性冲动的表达委婉而隐晦，但这种冲动无可回避。1953年，休·赫夫纳（Hugh Hefner）的男性杂志《花花公子》于报亭中公然出售，从此开创了一场出版界的革命。丰盈的玛丽莲·梦露成了超级明星，二流的金发美女立马纷纷效仿，如杰恩·曼斯菲尔德（Jayne Mansfield）和黛安娜·多丝（Diana Dors）。弗拉基米尔·纳博科夫（Vladimir Nabokov）令人瞠目结舌的小说《洛丽塔》登上了畅销书排行榜，而梅塔利乌斯充斥着奸情的小说《冷暖人间》的大名成了家喻户晓的词汇。1948年，人们读到阿尔弗雷德·金赛的《男性性行为》报告时震惊不已，而1953年发表的《女性性行为》则让人们发现了更多出乎意料的事情。

……垮掉派的性

对大多数垮掉派成员来说，性自由是理所当然的人之天性。垮掉派作家毫不犹豫地把他们的性渴望、性幻想和性冒险统统写进其诗歌、小说和故事中。然而并非人人都能深谙垮掉派所论及的性，"垮掉的一代"的权威学者就相关问题始终争论不休。其中一个问题是：该如何给类似杰克·凯鲁亚克或尼尔·卡萨迪这样的人的性取向贴一个恰当的标签。这两人都视自己为异性恋者，却都有过同性恋的经历。卡萨迪是一个极为神经质的人，他很可能认为背离其异性恋习惯（如他与金斯堡的情事）只是无关痛痒的体验，而非越界。相比之下，一些权威人士声称凯鲁亚克是一个深藏不露的同性恋者（说是双性恋者会更准确），他用酒精和毒品来降低自己对同性恋行为的拘谨，事后又用它们来驱除心中的焦虑和愧疚。

年轻的时候，金斯堡和巴勒斯为自己的同性恋者身份感到不安，他们都曾不止一次试图"治愈"自己的同性恋取向。金斯堡偶尔会有女性情人，而巴勒斯有一位未正式结婚的妻子并育有一子。但很快他们就心安理得地接受了同性恋取向并在其作品中深入探索。巴勒斯还着迷于精神病专家威廉·赖希（Wilhelm Reich）发明的一种叫"奥刚储存器"的玩意儿。赖希是个喜欢标新立异之人，他相信一个衬有专门材料的箱子能够收集一种叫做"奥刚"能量的生命动力。赖希解释道，人们在箱内休息便可吸收这种能量，然后通过性活动释放它，在逍遥快活的同时收获身心健康。

凯鲁亚克对赖希的点子也很感兴趣。他在小说《在路上》中描写了巴勒斯对奥刚储存器的热情：萨尔和迪安到路易斯安那州拜望那个巴勒斯式的人物（小说中的老布尔·李），他家里就造了一个这样的箱子。而且，在其散文《自发性写作要略》的结尾，凯鲁亚克建议现代作家"激情地、快速地写作，写字或打字到手抽筋，遵循（从中到周边的）快感法则，即赖希的'意识蒙蔽'原理，思想就会从内心深处**喷薄而出**，最终达到直抒胸臆、酣畅淋漓之快感"。

更具争议性的是，金斯堡对成人与儿童之间性行为的容忍度远高于他那个时代或我们这个时代的绝大部分美国人。他还以捍卫言论自由和公民自由之名，于20世纪80年代加入了非法组织"北美少年爱好协会"（NAMBLA）。不过，他也清楚地告诉人们他并未有过此类性行为；他视NAMBLA为"一个辩论社团而非一个性爱俱乐部"；以及他尊重"那些希望制定一般法来保护未成年儿童不受虐待的人们"。在这件事上以及其他一些有争议的领域，金斯堡一直以艺术家和知识分子的姿态推行他的激进主义，他的策略往往是说服而非用强。

总之，我们无法对垮掉派的性取向进行准确界定。比如，翻阅《达摩流浪者》这本小说，就会发现加里·斯奈德式的人物（贾菲·赖德）在和他的朋友一起"双修"——赤身裸体、灵肉合一，而那个凯鲁亚克式的人物（雷·史密斯）则拒绝这种肉欲之乐，选择继续他的禁欲修行，他希望能以此摆脱对红尘世界的依恋。"垮掉的一代"为各种或有或无的性取向都留有空间。

毒品

　　在 20 世纪 60 年代的一段时间里，用来检验是否了解毒品文化常识的试金石是比较艾伦·金斯堡和蒂莫西·利里（Timothy Leary）这两位激进的"圣贤"，看谁能更好地回答如何最大化扩张人的意识的问题。

　　在 1963 年之前，利里是哈佛大学心理学教授，后来他从事了精神导师这一自由职业。他个性独特，魅力四射，以激进观点改变了那个时代的流行文化。他认为迷幻剂是在充满殊死竞争的资本主义世界中，人们用以关注社会时弊、审视内心需求、返璞归真的"理想武器"。因此他将被自己视为"灵丹妙药"的迷幻剂施与天下众生，由此带来了悲喜参半的结果。金斯堡认为迷幻剂是体验兰波（Rimbaud）所说的感官系统性错乱的一种刺激、有效的途径，但是他最终发现在没有人工辅助的情况下开发大脑的超验力量**更为**刺激和有效。他对佛教与日俱增的虔诚信仰便是这种思考的收获之一。

　　垮掉派用毒品实验来挑战正统社会那些扼杀快乐的价

值观。从历史上看，大多数垮掉派成员在致幻的"精神"毒品出现之前都迷恋"身体"毒品。海洛因、吗啡和苯丙胺是当时最流行的毒品，而苯丙胺很容易获取。当然，身体毒品容易使人上瘾，而巴勒斯是垮掉派成员中最出名的瘾君子。他对毒品的依赖可能始于 14 岁，当时他在一次化学实验事故中受伤，在医院治疗时服用了成人剂量的吗啡。几年后，他将一些偷来的酒石酸吗啡针剂卖给他的新朋友赫伯特·亨克，并决定在完成交易前自己用一支试试；不久之后他便对海洛因上了瘾。巴勒斯在小说《毒虫》中描写了硬性毒品圈子的境况，到《赤裸的午餐》发表时，他已开始用毒瘾作为一个生动的隐喻来探讨控制与反叛的问题。他也开始研究影响精神的毒品，在 20 世纪 50 年代早期到南美洲寻找死藤水，据说这种汤剂能赋予服用者心灵感应的能力。金斯堡在大约十年之后也进行了一次类似的探寻之旅。他们合著了 1963 年由城市之光书局出版的《麻药书简》一书，不过显然巴勒斯是这本薄书的主要作者。巴勒斯有好几年曾一度戒掉了海洛因，但 20 世纪 70 年代后期，他与一些纽约名人一起厮混时，又再次染上毒瘾。1981 年他移居堪萨斯州的劳伦斯市，主要原因就是想再次戒掉毒瘾。

凯鲁亚克选择的毒品是酒精，这成了他心灵和身体的抚慰。除了酒精的麻痹作用外，凯鲁亚克还视其为通往佛教信仰所求的无执之境——一种幻化为精神的无意识状态——的通行证。对他而言，烈酒有众多形式，而葡萄酒便是这种毒品的最高形式。

垮掉派的阴暗一面

"垮掉的一代"是一支重要的向善力量，它质疑那个因循守旧的可悲时代的社会规则，为人们开拓了巨大的思考和表达的新领域。它推动创新的动力来源于对旧时代的不满。凯鲁亚克对工业化社会带来的异化和机械化深感愤慨；巴勒斯向文化控制体系宣战；金斯堡认为世界的种种问题都源于国家权力企图将一种统一的意识强加于大众身上。

然而不可避免的是，垮掉派运动也有消极的方面。虽然对性自由的倡导解除了思想桎梏，令人振奋，但它对"怎样都行"的道德观的默许却催生了不负责任和具破坏性的生活方式；甚至连早期的凯鲁亚克也在其小说中将尼尔·卡萨迪（即《在路上》中的迪安·莫里亚蒂）那风流成性的生活刻画成一种对周围人的危害和侵扰。垮掉派在滥用毒品和酒精方面，情况也大致如此，尽管真正引发了严峻社会问题的是嬉皮士，他们将吸毒从一种启蒙者的特殊体验转变成了一种任何人都可尝试的娱乐，只要你能付得起一剂毒品的毒资便可享用。

在某些方面，垮掉派强调内省革命而非政治运动也是有问题的。垮掉派主要人物如金斯堡和费林盖蒂毫无疑问是直言不讳的政治思想家，而巴勒斯对从众主义和趋同态势的深恶痛绝将其最好的作品变成了倡导激进变革的杰出宣言。然而，对不可言喻的个人幻想的探索使得垮掉派回避了集体行动的必要性。有时候，这些狂热的反主流文化者听起来竟像极了自己竭力反抗的那个愚顽不化的社会。

这一点尤其适用于凯鲁亚克。他随着年龄的增长而越来越保守；最终他的非暴力主张似乎变成了一种妄想症，他的蔑视权威似乎变成了偏执。当他的朋友金斯堡和卡尔·所罗门（Carl Solomon）批评他早期两本小说的某些方面时，他视自己为身处冷酷犹太商人中的痴人小阿布纳。[1] 到了 20 世纪 60 年代早期，他已用无数反犹的言辞对金斯堡进行了侮辱，1961 年他还当着金斯堡的面，与自己的母亲一唱一和，说犹太人不应再对大屠杀发什么牢骚，说阿道夫·希特勒（Adolf Hitler）原本应该完成他未竟的事业。

如果要为凯鲁亚克开脱，除了因为酗酒和抑郁，那就只能说是他日益将自己视为身处罪孽深重的悲惨世界的一个痛苦的罪人。在这样一个世界，自我完善及其他人类的种种努力都是白费，唯一的希望是祈求灵魂死后获得上帝的恩惠。对他而言，社会弊病不是需要解决的问题，而是需要以苦修和忏悔来求得救赎的罪过。而酗酒和抑郁就是他进行苦修的方式。

金斯堡一生始终都在培养自己敏锐的政治意识，他的绝大多数观点都有过度宽容之嫌。但他并不避讳发表具有争议性的意见，即便是关乎他自己所属的犹太传统。"以色列人的麻烦就在于他们是犹太人。"他在 20 世纪 60 年代早期说，"犹太民族被纳粹分子及更早时期的其他种族

1 　小阿布纳是美国漫画作家阿尔·卡普（Al Capp）在 1934 年至 1977 年间发表的讽刺连环漫画中的一个天真纯朴、心无城府、性格和善的乡巴佬形象。

主义魔法师实施了催眠术。……任何塑造固化的、类型化的自我形象的行为都是愚蠢的错误。"

巴勒斯是个破坏性极强的作家。他看起来不是对某个特定群体有偏见，而是憎恶世上所有的人，或者说对整个人类都抱有偏见。"看看这个人工制品，"他在散文集《加法机》中写道，"它出了什么问题？它哪儿都有问题。"即便如此，就连他的亲密伙伴布里翁·吉森（Brion Gysin）都不赞成其在小说《红夜之城》中的反犹论调。巴勒斯回应说小说中的话仅代表书中人物的思想，不代表他本人；但在回答吉森的质疑时，他又不失时机地重述了好几个自己早期作品中的"犹太笑话"。在关于性别的问题上，巴勒斯承认自己是名副其实的厌恶女性者，而且他的多数小说都以男性为中心，因此很难想象他会对女性抱有真诚的仁慈之心，或者在政治和道德方面对女性持积极包容的态度。其厌女症究竟是归咎于他对整个人类的蔑视态度，还是其陈腐的大男子主义陋习，读者可自行判断。"女人很可能是一个生物学上的错误……但是我们周围几乎所有的东西都是如此。"他曾如此说道。鉴于现实的世界形势，后半句话可能无可非议，而前半句话则另当别论。

第二章

垮掉派、披头族、波希米亚人，凡此种种

尽管垮掉派以作家和诗人的身份著称，但他们还有一个更广义的身份：致力于挑战他们那个时代社会习俗和道德观念的**波希米亚人**。这个意义上的"波希米亚人"一词源自法语中对吉卜赛人的称呼。他们在五百年前迁徙到西欧时，被认为来自中欧的波希米亚。

19 世纪，"波希米亚人"一词被赋予了更现代的内涵。当时亨利·米尔热（Henri Murger）创作了一系列关于"波希米亚人生活"的故事，其中心人物都是性格生动有趣、生活丰富多彩的穷困艺术家、作家和诗人。这些故事激发贾科莫·普契尼（Giacomo Puccini）于 1896 年创作了歌剧《波希米亚人》，从而提高了"波希米亚人"一词的国际认可度。说到波希米亚的主义进入英语，则威廉·梅克皮斯·萨克雷（William Makepeace Thackeray）功不可没。他在 1848 年创作的小说《名利场》中这样描述女主人公："她继承了父母狂野好动的禀赋，就其父母的品位和生活状况而言，可称他们为波希米亚人。"《牛津英语词典》对该词的定义概括了所有这些特质，切合本书的讨论："一个社会上的吉卜赛人；一个因主观原因或个人习惯而被隔绝于他本来适合的社会之人；尤指一位艺术家、文人或演员，他过着一种无拘无束、居无定所或不合常规的生活，日常没有固定的交际群体，对社会惯例大都不屑一顾。"

垮掉派和披头族

杰克·凯鲁亚克创造了"垮掉的一代"（Beat Genera-tion）的名字。这并不奇怪，因为他常常使用 beat（"垮掉，疲惫"）一词，例如，描述 1960 年小说《特丽丝苔莎》里忧郁的女主人公"脆弱、疲惫、无望"。但该词有更久的渊源。一些学者将它追溯至美国内战年代，当时该词意为"懒惰或逃避责任之人"。垮掉派历史学家安·查特斯（Ann Charters）则将该词的现代用法追溯至 20 世纪 40 年代，当时的老千和乐手用它来表达贫穷、精疲力竭或穷困潦倒之意，如爵士乐手梅兹·梅兹罗（Mezz Mezzrow）曾写道，"一套破旧的燕尾服，裤子上满是破洞"，并说"我彻底垮掉了"。金斯堡认为该词有多层不同的意思，包括"精疲力竭、处于深渊、向上或向外看、失眠"以及"睁大眼睛的、有洞察力的、见弃于社会的、独自一人的、精于市井的"等。凯鲁亚克将 beat 一词与他精于市井的朋友赫伯特·亨克联系在一起，那人是个混迹于时代广场的老千，当他"来到我们面前说'我垮了'的时候，绝望的双眼熠熠发光……这个词他可能是从某个中西部游园会或廉价小饭馆听来的"。

凯鲁亚克为该词赋予了最持久的意义。早在其第一部小说《镇与城》中，他就已经描述一位人物"'精疲力竭地'在城市中四处游荡"，寻找道义和金钱上的支持。有时他会指出该词的消极意义，如在小说《孤独天使》中，他说该词有"少管闲事"之意，短语"滚开"（beat it）就属此类。而在 1959 年的一篇文章中他写道，beat 意味着"贫穷……游手好闲，四处流浪，悲伤，睡在地铁里"。

在其他一些时候凯鲁亚克似乎并不确定该词所指**何意**，如
他在史蒂夫·艾伦（Steve Allen）深受欢迎的电视节目中
给该词的定义是"令人同情的"。但他通常赋予该词正面
的意义，他在 1958 年写道，20 世纪 50 年代早期朝鲜战
争结束后，经历了战争的年轻人"漠然且沮丧……尽管垮
掉的一代已成为过去，但其精神得以重新复活，并被证
明是合理的"。最终，该词积极甚至神秘的意义在凯鲁亚
克头脑中占了上风。这在《在路上》一书中表现得很清
楚，书中的叙述者（作者的替身）在评论迪安·莫里亚蒂
（以尼尔·卡萨迪为原型的人物）时说，他"就是'垮掉
派'——至福之境的根与魂"。

对许多人而言，垮掉派和披头族是同义词。但该领
域的专家则持不同意见。"垮掉派"（beat）一词来自老
千、爵士乐手和货真价实的垮掉派作家，而"披头族"
（beatnik）一词则来自一位供职于《旧金山纪事报》的
记者——赫布·凯恩（Herb Caen）。1958 年他结合 *Beat
Generation* 和 *Sputnik*（此前一年由苏联发射进入轨道的第
一颗人造卫星）拼造出该词。后来在谈到这个新词时，凯
恩称创造该词的目的是嘲弄垮掉派，因为他们太拿自己当

回事了。该词流行之快连凯恩自己都惊讶不已：他首次使用该词的隔天，这家报纸就把"披头族谋杀"用在了新闻标题中。这个新词惹怒了包括凯鲁亚克在内的真正的垮掉派，他对这个专栏作家说："你在贬低我们，让我们听起来像混蛋。我恨这个词。不要再用它了。"凯恩显然没有照办。

提升意识，冲破束缚

早在形成初期，垮掉派就试图通过新的艺术形式建立一个"新视界"。最早进行探索的是 20 世纪 40 年代中期哥伦比亚大学的艾伦·金斯堡和卢辛·卡尔（Lucien Carr）。后来，这也成为金斯堡和凯鲁亚克聚首深谈的主要话题。然而问题来了：没有人能够说清"新视界"应该如何定义。该词明显指的是一种认识世界的全新方式，或者一种前所未有的、"充满想象的"发现世界的方式，但这样说仍然语焉不详。尚未回答的问题是：人们究竟该如何获得阿道司·赫胥黎（Aldous Huxley）在其 1954 年的小说《知觉之门》中所讨论的那种"视界"？该书的名字来自垮掉派极为崇拜的作家威廉·布莱克（William

Blake ）："如若知觉之门得以净化，则万物于人示其无限
之本相。"

　　一个回答是旅行，垮掉派那种狂热的、足迹远至天涯
海角的旅行。另一个回答涉及法国诗人阿蒂尔·兰波所说
的 "所有感官长期、剧烈以及理性的紊乱"。这种紊乱常
常借助毒品，使各种感官输入以不同寻常和激动人心的方
式产生作用和混合在一起。第三个或许可以通往新视界的
途径是创作革命性的艺术作品，如詹姆斯·乔伊斯的那些
让金斯堡和凯鲁亚克钦佩的、极具争议的小说(《尤利西斯》
《芬尼根的守灵夜》)。垮掉派实验着这些方法及其他一些
可能的形式，并且提醒着自己：即使他们最富创意的想法
也一直处在动态的变化发展中。而在经历了早期对 "新视
界" 满腔热情的追捧之后，他们转向其他的表达词汇——
"眼球刺激""自发性的波普韵律"——这些词汇清楚地表
达了他们渴望通过艺术实验来颠覆战后范式的愿望。一些
人还将政治行动带入其中，尽管其他人，尤其是凯鲁亚克，
认为这样只会造成分化，徒劳无益。"社会问题，"他曾说
道，"去他的社会问题。"对他而言，内省革命是唯一卓有
成效的革命。

图 2. 凯鲁亚克的政治观点比许多其他垮掉派人物更为保守，但是他于 1968 年在长期播出的电视节目《第一线》（由极度保守的小威廉·F. 巴克利［William F. Buckley Jr.］创办并主持）中所发表的言论更接近自由漫谈而非社会评论。

尽管如此，所有垮掉派成员都想挑战他们那个时代的社会常规。在他们看来，现代社会各种隐伏的邪恶势力网络交错密布，图谋囚禁、操纵及扼杀那本应自由的精神，而这种精神是上帝赋予我们每个人的礼物。巴勒斯称这一敌人为"控制机器"，将它定义为"纯粹的机械装置——由警察、教育等构成——权力集团凭其掌握权力并扩大权力"。这些机制**降低**人类意识水平，而非**提升**人类的意识、改善人类的生存境况。

从政治上讲，凯鲁亚克所持观点相较于巴勒斯而言更为右倾，但他对后者的基本立场还是认同的。在他 1954年的短篇故事《城城城》中所勾勒的从众主义图景同赫胥黎在 1932 年出版的具有预言性的小说《美丽新世界》中描述的一样可怕：人们牢牢受制于大众传媒的多重影像系统，以及计算机、镇静剂和一种叫"惰性化"的外科疗程，这种疗程能够产生"普遍的精神安抚"。他在三年后创作《达摩流浪者》时，城郊发展同质化的阴影始终萦绕在其心中挥之不去，他写道：

> 大街两旁一幢又一幢的房子，每幢房子的客厅里都透射出金色的灯光，每个家庭大抵都把目光锁定在小小的电视机灰屏上的同一个节目；没人说话；院子里静悄悄的；狗朝你吠叫，因为你走路而不是开车。当看起来世界上每个人都开始要以同样的方式思考时，你会明白我的意思……我看［加里·斯奈德］在未来年代……是唯一一个思想未与社会总开关相连通的人。

金斯堡对现代性摧残人性的趋势同样深怀忧虑。他将这种趋势表现为《嚎叫》中隐隐逼近的恐怖假神摩洛克，也常在其他作品中抨击这种趋势，例如，他写道："在充裕与富足之中……在汽车、电视、家用电器、高保真音响设备、辐射避难所、战略轰炸机、核导弹之中，我们［已经］误置了或移置了'失落的美国之爱'。"

对垮掉派而言，提升意识和冲破束缚是同一枚硬币的两面，是他们反传统道路上的两大利剑。尽管"新视界"一词逐渐被弃用，它所代表的理想仍生生不息，不断促使垮掉派借助佛教、比波普爵士乐、扩张意识的毒品以及凯鲁亚克所谓"人类艺术材料"的全新处理方式，达到摈弃陈规、开拓新路之功。这也是为什么最好的垮掉派作家要质疑写作自身的本质和目的。例如，巴勒斯不仅是一位反从众主义的作家，而且从某些方面来说，还是一位**反语言**的作家，他知道文字具有束缚或解放的力量，这取决于它们如何被使用。他坚信文字是"控制的首要工具。建议是文字。劝说是文字。命令是文字"。我们如何保护自己不受它们的有害影响呢？"囚徒，出来吧。"《软机器》中的一个人物说道，"天空广袤无边……**永远擦除那文字吧**"。巴勒斯抨击语言的控制机器，他剪裁、折叠语言，将文本转变成拼贴画，颂扬非理性潜意识的无序自由。

金斯堡也看到了那些渴望权力的操纵者将文字转变为武器的危险。在 1961 年金斯堡写道，他识别出了自己个人经历中的三个要素——"断断续续的平静"、迷幻剂、"生活改变及个人危机"——它们使得金斯堡能够去探知"意识的广大无边，在这其中我所知道的和所计划的都因意识到隐藏的存在而被消灭了"。他还说："所有传递永恒信息的创作和诗歌都是神圣的，必须不受任何理性的约束；因为意识没有边界。"金斯堡发现"所有多样的、同时出现的印象和事件都［能］聚焦于一处以产生一个新的、几乎是突变的意识"。这促使他去追求更高的目标，而不是工具性逻辑及其常识性结论。"我很高兴能够说，我从来没有真正预先知道自己要写什么。"他透露，"如果作品想有哪怕一点成为不朽之作的可能，事情就是如此。"金斯堡"最初想法即最好想法"的写作哲学反映了同样的信念。

凯鲁亚克也相信，"最初想法即最好想法"的写作是一种规避的手段，用来规避那些所谓文字上的正确交流的种种约束和限制。同样的冲动促使他在散文及诗歌中大量借助佛教关闭感观的冥想和受爵士乐影响的节奏。如金斯堡所言，凯鲁亚克深谙"语言之声，他在声音的海洋中游弋，以声音而不是字典上与声音含义相关的内容作为其思维的引导。换句话说……另外一种理性……如果能用理性一词来解释这一现象的话"。显然无法这样做，这便是问题的关键。提升意识到意识**之外**，同时冲破**任何一种**束缚——这些便是关键之关键的所在。

"一切属于我，皆因我一无所有"

"'垮掉的一代'一词的精髓可见于[一句]著名的话：'一切属于我，皆因我一无所有。'"艾伦·金斯堡在1981年如是说。他记错了凯鲁亚克这句话的出处，误以为它出自《在路上》，实则它出自《科迪的幻象》及1959年凯鲁亚克为男士杂志《骑士》写的一篇名为《波普的缘起》的文章。20世纪50年代，这句话一直萦绕在凯鲁亚克的心头。在近十年后才于1960年发表的《科迪的幻象》中，这句话有着深邃而丰富的含意。凯鲁亚克本人在小说中的替身杰克·杜洛兹一直注视着一位正在进餐的"漂亮的长着深褐色头发和蓝紫色眼睛的女孩"，杜洛兹开始想入非非。她在读一本现代丛书出版社出版的书，使得她更具魅力，"大概是个年轻时髦的知识分子女孩"，这正是他喜欢的类型。"她两分钟之内就会为我倾心。"杜洛兹暗想，然而，她"优雅而率性地"飘然而去。这段话结尾写道：

看到她离去不会再让我哭得死去活来，因为现在所有的事情都如她一样离我而去——女孩、幻想、任何事情，都以同样的方式永远离去，而我永远接受丧失。

一切属于我，皆因我一无所有。

在这段话中，如同在别处一样，凯鲁亚克欣然接受的一无所有涉及精神价值，而与物质财产无关。杜洛兹告诉我们，在过去，他会为一个浪漫白日梦的破灭及引发了这场白日梦的、美丽高雅的女孩的离去而痛苦不已。但在他生命尚属年轻的这一阶段，他已变得听天由命，学会坦然接受种种失去——那些装饰他梦境的女人、激发他想象力的各种幻想，以及在滚滚红尘中将他包裹起来的**所有林林总总的事物**，他都任其随风飘散。他的这种达观态度根植于智慧。尽管人和物他都无法私藏，但是美国所有的一切及美国之外的广袤世界都在他掌握之中，只要他愿意冲上前去拥抱它们。从表面上看，杜洛兹就像欢迎老朋友一样坦然接受"丧失"。从更深的层次看，凯鲁亚克开始身体力行佛教的信条，这些信条在他的思想和精神生活中起着越来越大的作用。更具体一点讲，他在认同佛教所说的人类境况之"无常"。

凯鲁亚克对佛教的信条绝不只是粗浅涉猎或业余爱好。据对佛教有着浓厚兴趣的金斯堡的说法，凯鲁亚克逐渐成为一个"出色的、极有悟性的佛教学者"，参透了"世界亦真亦假……形与空不分彼此"这一玄妙思想。如果真与假了无区别，那么一无所有与家财万贯又有什么不同呢？当我们目睹世间万事万物稍纵即逝，又有什么值得我们追悔莫及呢？或许正如凯鲁亚克在其渗透着佛教思想的史诗《墨西哥城布鲁斯》中所说的那样："皈依唯一教义……喜爱漫无目的。"

并非所有人都认同凯鲁亚克在佛教方面有很深的修行。垮掉派诗人菲利普·惠伦说他朋友对佛教的兴趣文学因素大于宗教因素，甚至连金斯堡也写道，随着凯鲁亚克年纪渐长，"心中充满绝望，无法做到心平气和、放下痛苦，他于是越来越想抓住那个十字架……最终他想象自己被钉死在十字架上"。确实，凯鲁亚克到生命的最后阶段更像是一个罗马天主教徒；甚至在其佛教色彩浓郁的小说《孤独天使》中，他称佛陀为其"英雄"，但旋即又补充说，"我的**另外一位**英雄基督才是我的第一位英雄。"其实这里并没有真正的矛盾，因为在这两种宗教中，凯鲁亚克寻求的都是一种超验力量，一种摆脱内心几乎不可救药的动荡的安全感。这种情感在其 1962 年出版的小说《大瑟尔》即将结尾处得到了最为生动的体现。在小说中，主人公由于酒精戒断引发了一夜幻觉和谵妄，最终在一幕极具基督教色彩的幻想中达到顶点："我看到了十字架，它静穆无声、久久矗立，我的心脱体而出、朝它飞去，我整个身体也朝它飞去，却逐渐消弭于无形。"对凯鲁亚克来说，如果"一无所有"的最终境界是连他喜爱的酒也没有的话，他仍旧能在神秘的信仰中找到"一切"。

凯鲁亚克对"一无所有"一词的使用还有其现实含意，与对物质主义总的抵制，特别是对 20 世纪 50 年代消费主义的抵制紧密相关。他和其他垮掉派人物都认为对金钱和权力的贪欲或许是人类最致命的陷阱。凯鲁亚克在日记中写道，美国人常常"为了某辆豪车"而放弃他们真正需要的东西。对这种现象及类似问题的担忧部分源于垮掉派对以亨利·大卫·梭罗（Henry David Thoreau）和拉尔夫·沃尔多·爱默生（Ralph Waldo Emerson）为代表的美国超验主义文学流派的兴趣，部分源于他们自己在内心及外部世界的旅程中通过简单而廉价的消遣——爱情、性、毒品、便宜的旅行等——得到的快乐。他们可能受到物质享受的诱惑，但又怀疑其是否为终极的目标，这也难怪为什么凯鲁亚克、金斯堡、惠伦及加里·斯奈德等人都深深地为佛教所吸引，即便他们中有些人将佛教概念与其他宗教观念相混合，如凯鲁亚克将其与基督教混合、斯奈德将其与美国印第安神话混合。甚至连那个什么都怀疑的巴勒斯也借鉴一系列宗教、民间及超自然的信仰体系，创造了一个文学神话世界。

大多数垮掉派核心人物都从写作、演讲、教书及其他诸如此类的活动中赚得了足够的钱，可以让他们在一生绝大多数时间里（即便不是终生）体面地生活，但是他们最杰出的贡献在于身体力行地阐释了精神上的一无所有之人。根据凯鲁亚克最基本的信仰——基督教的教条，这样

的人将会成为地球的主人。正是一无所有成就了他们，使
他们拥有了值得拥有的一切。

六人画廊

1955 年秋天发生的一件大事成为了垮掉派历史上最
值得庆祝、最具决定性的里程碑之一。为了宣传此事，他
们当时寄出的一份简短通告，内容如下：

菲利普·拉曼蒂亚（Philip Lamantia）将朗诵已故的约
翰·霍夫曼（John Hoffman）的手稿，迈克·麦克卢尔（Mike
McClure）、艾伦·金斯堡、加里·斯奈德和菲利普·惠伦都
将推出直抒胸臆的新锐之作——这批非凡的天才诗人将同台
献艺。不收门票，可捐助少许酒资，凭邀请函入场。期待与
您共度迷人的诗歌朗诵盛宴。

该通告还说，诵诗会将于旧金山市菲尔莫尔街的六人
画廊举行，司仪是肯尼思·雷克斯罗思。事后证明，这场
由那些"天才诗人"举行的诵诗会为两个互相关联的文化

群体带来了新鲜的能量和持久的动力：垮掉的一代和旧金山诗歌文艺复兴。诵诗会上，金斯堡首次在公众面前朗诵了其杰作《嚎叫》的片段，这一刻也因此载入了史册。

　　20世纪50年代的大多数人会将垮掉派团体与曼哈顿下城的格林威治村社区联系起来，而事实上，垮掉派成员大多时候并不在此处活动。有时他们在异国他乡探寻文化以及追求刺激。在美国国内时，他们往往也是在旅行和流浪的路上，而充满传奇色彩的旧金山市则是他们最常出没的地方之一。这是一个有着双重魅力的栖息

图3.　在这张来自剧情式纪录片《嚎叫》的剧照中，由詹姆斯·弗兰科（James Franco）饰演的艾伦·金斯堡正在六人画廊诵读《嚎叫》的第一部分。1955年10月的这场诵诗会将垮掉的一代和旧金山诗歌文艺复兴推上了历史舞台。这部影片通过电影语言对画廊诵诗会和1957年《嚎叫》淫秽案审判进行了重构，捕捉到该诗的文学和社会学意义，后人亦能感同身受。

地：它既是十足的美国城市，又能让人不必跨越（或落入）太平洋就尽量远离美国东海岸传统主义的束缚。在这里，激进主义、波希米亚作风、开明政治及实验诗歌等拥有悠久的历史，使其成为垮掉派美学得以发展演化的一片沃土。

垮掉派在旧金山主要的聚居地是当地人称为"滩区"的北滩地区。如同格林威治村一样，这是一个少数族裔社区，住房、食物、酒家等都相对便宜；除此之外，与格林威治村相同的是，它也临近一个唐人街，那里有东方文化气息浓厚的书店、餐馆及其他店铺。两位著名的诗人雷克斯罗思和罗伯特·邓肯（Robert Duncan）都与诗歌主题沙龙联系密切，此类沙龙在凯鲁亚克和巴勒斯1952年来到旧金山时流行起来，点燃了旧金山文艺复兴运动的星火。两年后金斯堡也来到了旧金山。

他们及其他垮掉派成员常去一个叫"处所"的地方，那是一个每周都有"长舌之夜"即兴表演的酒吧。他们还喜欢去"咖啡画廊"——那儿举行较为传统的诗歌朗诵会，及"共生面包圈店"，该店的名字若出现在几乎任何一个别的城市，即便不是不知所云，也会显得荒诞不经。在这些地方，爵士乐、艺术展及口头诗歌蓬勃兴起。噱头和骗术也大行其道，如一位叫亨利·勒努瓦（Henri Lenoir）的爱好艺术的创业者向游客兜售"披头族装备"，还雇了一个模式化的披头族在维苏威酒吧的橱窗里翻印抽象艺术"杰作"。更为严肃的商号包括 1953 年开业的城市之光书店及 1955 年创建的城市之光书局——这是两个赢得传奇声名的场所，它们是劳伦斯·费林盖蒂的活动中心，也是广泛意义上的战后先锋派文学，尤其是垮掉派创作的非正式大本营。到了 1957 年，城里形形色色的活动层出不穷、热闹非凡，连前沿的《常青藤评论》杂志也出版了一期旧金山文艺圈特刊。

还有那个六人画廊，它是 1954 年由当地一批诗人和艺术家建立起来的，他们坚信诗歌、表演及视觉艺术应该是共生共存的合作关系，而非你死我活的竞争关系。凯鲁亚克等人将 1955 年 10 月的那场诗歌朗诵会认定为旧金山文艺复兴运动的正式开始。这一说法是可信的，尽管已有一大批重要诗人——包括邓肯、肯尼思·帕琛（Kenneth Patchen）、詹姆斯·布劳顿（James Broughton）、杰克·斯派塞（Jack Spicer）——在旧金山生活、工作和写作多年了。

　　雷克斯罗思和金斯堡是这场诵诗会的主要推动者，其
中金斯堡做了大部分组织工作并邀集了朗诵者。项目的
形成犹如一连串链式反应：雷克斯罗思推荐了斯奈德；斯
奈德推荐了菲利普·惠伦；迈克尔·麦克卢尔（Michael
McClure）[1] 作为参与该计划的第一批成员之一，也在需要
时勇挑重担。在所有的这些筹办活动中，凯鲁亚克人在哪
里呢？他刚从墨西哥飘忽而至，那个夏天他在那里完成了
史诗《墨西哥城布鲁斯》的创作。金斯堡邀请他参加，但
凯鲁亚克谢绝了，说自己生性腼腆，羞于在大批听众面前
朗诵。听众确实到了很多，因为金斯堡寄出了超过一百张
邀请函。尽管惠伦和斯奈德此前也没有在公众面前朗诵过，
但他们却并没有被羞怯阻拦。

　　凯鲁亚克一直在台下观看，但在其小说《达摩流浪
者》中对那晚的活动做了绘声绘色的描述。"那是一个疯
狂的夜晚。"他写道，"我是负责在现场活跃气氛的那个，
我在人群中走来走去，从画廊各处站着的颇为拘谨的听众
那里募集些 10 分或 25 分的硬币，买来了三大壶加州勃艮

1　即前文的迈克·麦克卢尔。

第酒，让大家开怀畅饮到神魂不属。因此到了夜里 11 点钟，他［金斯堡］张开双臂，醉醺醺地扯开嗓子喊出他的诗《叫嚷》[1] 时，每个人都在大喊'好! 好! 好! '（就像一场爵士乐即兴演奏会），旧金山市的诗歌圈之父老雷［雷克斯罗思］欣喜万分地抹着眼泪。"到 11 点半的时候，他继续写道，"所有的诗歌都诵读了一遍，大家仍然搞不清楚东南西北，不知道当下发生了什么，也不知道美国诗歌界接下来将会出现什么"。凯鲁亚克的描述稍有虚构成分，但很准确，包括他在那晚活动中所扮演的角色。他可能的确因为羞怯而没有出场朗诵，但他绝不是诵诗会上置身事外的人。

画廊里大约有 150 人，包括尼尔·卡萨迪和他当时的女友娜塔莉·杰克逊（Natalie Jackson）。约翰·霍夫曼是位只为内部人所知的诗人，菲利普·拉曼蒂亚在诵诗会上朗诵了他的诗作。他 21 岁于墨西哥去世，死因是小儿麻痹症，或者据凯鲁亚克所说，是因为"在奇瓦瓦州服用

---

1 凯鲁亚克在《达摩流浪者》中给金斯堡起名为阿尔瓦·戈尔德布鲁克，他的诗作也从《嚎叫》改名为《叫嚷》。

了过量的乌羽玉[1]"。和拉曼蒂亚一样，他强烈地倾向于超现实主义诗歌。麦克卢尔在拉曼蒂亚之后登台诵读，在创作中他也借鉴了超现实主义思想，还有达达主义的想法及安托南·阿尔托（Antonin Artaud）激进的残酷戏剧美学。麦克卢尔受阿尔托作品的启发创作了《洛沃斯角：万物有灵论》，他在六人画廊朗诵了此诗，随后还朗诵了歌颂自然神圣性的诗。惠伦接着朗诵了一首渗透着禅宗思想的诗，诗句生动活泼，调动了现场的气氛。

中场休息后，金斯堡首次公开了其代表作《嚎叫》，但只朗诵了第一部分，因为当时他尚未完成创作。这首诗引发了凯鲁亚克最卖力的喝彩，而其他听众据各方所说也都同样地被打动；金斯堡也是如此，最后听众高声叫好时他心潮澎湃，泪流满面。接下来斯奈德朗诵了《浆果盛宴》，该诗赞颂了一位印第安恶作剧精灵，还朗诵了后来于 1960 年出版的诗集《神话与文本》中的几个选篇。诗歌朗诵会结束后，众诗人及好友"分乘几辆车去唐人街大

1　乌羽玉是美国得克萨斯州、墨西哥奇瓦瓦州等地所产的一种细小、无刺的仙人掌，含有会使人产生幻觉的生物碱，故常被用于宗教冥想、迷幻剂治疗法等，但食用过多会危害生命。

吃了一顿……在午夜时分纵声畅谈",《达摩流浪者》中如是描述。

斯奈德和惠伦认为那晚的诵诗会为他们的公众朗诵首秀提供了一个完美的舞台,凯鲁亚克也以那晚的活动为蓝本,在《达摩流浪者》中写出了精彩一幕。而最大的获益者是金斯堡,他曾担心《嚎叫》写得太离奇古怪,旁人无法理解。第二天城市之光的老板劳伦斯·费林盖蒂发来贺电,其溢美之词开启了金斯堡作为文坛一位重要诗人的职业生涯。"在您伟大的事业扬帆启航之际,我谨致以衷心的祝贺。"费林盖蒂在贺词中写道,效仿了恰好 100 年前《草叶集》出版时拉尔夫·沃尔多·爱默生对沃尔特·惠特曼(Walt Whitman)的赞誉。"何时得赐大作手稿?"金斯堡开始埋头写作,1956 年诗集《嚎叫及其他》作为"城市之光口袋诗人系列"出版。

第二年人们在伯克利的市政厅剧院重演了这个迷人的诗歌朗诵之夜,其反响波及了整个旧金山文坛,为诗人的诗歌朗诵带来了热情高涨的听众。"其成功超越了我们最狂野的想象。"斯奈德回忆说,"事实上,我们当时并未考虑什么成功;我们只是想邀请一些朋友和潜在的朋友……

诗歌突然看起来有用了。"确实如此。这场诵诗会促发了
一种团体意识的成形，并使垮掉派及志趣相投的波希米亚
文人和先锋派作家形成了一个小集团，还巩固了口头表演
作为垮掉派美学关键元素的重要地位。此后，不管是诗
歌，还是画廊、小餐馆、咖啡馆，都与先前大不相同了。

第三章

垮掉派小说：凯鲁亚克
和巴勒斯

垮掉派是一个非正式的群体，甚至都算不上一个群体。他们没有"在做同样的事情，不管是在写作方面还是在世界观方面"。巴勒斯说，"你真的再也找不到比他们更大相径庭、更特色鲜明的四位作家了。他们之间只是齐驱并驾的关系，彼此文学风格不同，总体目标各异。"然而，巴勒斯又补充说，他们在社会学和意识形态层面上的确具有重要的群体意义，因为他们打破了各种社会壁垒，激进地鼓励世界各地人民畅所欲言，自由交流。公众无疑将垮掉派视为了一个群体，而垮掉派人物中似乎没有人对此表示介意。

对于谁是垮掉派的核心成员，人们也没有多少异议：凯鲁亚克，狂热地致力于他所开创的自发性写作；金斯堡，

美国新诗运动的先锋派成员，其灵感来源无所不包，从
19 世纪诗歌到深夜电台聊天节目；以及巴勒斯，一个类精
神分裂症的故事家，沉迷于肉欲之乐。在他们种种的嬉笑
鬼马和乖张怪举背后，是一种金斯堡所谓的对"眼球刺激"
的热切探寻，这是宇宙能量的震荡，将日常娱乐与幻想艺
术截然分开。

凯鲁亚克

　　杰克·凯鲁亚克从一开始就不曾安分。他生于马萨诸
塞州洛厄尔市，父母为他取名让·路易·基鲁亚克（Jean
Louis Kirouac），他们原为法裔加拿大人，后移民美国，
基鲁亚克是他洗礼证书上家族的姓氏。孩童时代他被称为
提让（小约翰），六岁之前他说的是若阿尔语，一种加拿
大法语的方言，他对此眷恋终身。他在洛厄尔市长大，那
是个日渐衰落的工业小镇，而他的家庭也问题重重。一方
面是经济的窘迫，随着其父印刷生意下滑愈发恶化；另一
方面关乎死生，他有三个哥哥，其中一个九岁时死于风湿
热，那次的打击对凯鲁亚克尤为沉重。死去的男孩叫热拉

尔（Gerard），凯鲁亚克从没有停止过对他的怀念、膜拜和祈祷，因为热拉尔好像在死前不久见到了圣母马利亚的异象。凯鲁亚克据此认为，他已故的哥哥已化身圣人。

尽管有种种不幸，凯鲁亚克对洛厄尔市仍钟爱有加，常常在小说中身归故里——其描写时而真实细致，例如《镇与城》，时而幻如太虚，例如《萨克斯医生：浮士德第三部》。但与许多朋友和家人不一样，他无意终生停留于斯。他凭借其高中橄榄球明星的身份成功获得了几所大学的奖学金和录取通知，并最终选择了哥伦比亚大学，因为他渴望能一试纽约这个最大的大城市的生活。（去哥伦比亚大学意味着他需要到同处纽约的霍瑞斯曼高中进行一年的预备学习，于是他在1939年秋季搬到了纽约。）但是他发现哥伦比亚大学更像一座精神监狱而非知识天堂。由于腿部受伤且与教练的关系日趋恶化，他的橄榄球生涯也风光不再。很快他就辍学了，住在曼哈顿上西城，交了很多朋友，其中一些——巴勒斯、金斯堡、卡萨迪、亨克、霍尔姆斯——对他未来的成长影响很大，而他也影响了这些人未来的发展。

美国加入二战后，年轻人纷纷响应号召、踊跃参军。

坊间传言，1943 年的一个夜晚，凯鲁亚克喝得酩酊大醉，趁着醉意同时加入了陆军、海军陆战队、海岸警卫队和海军。然而事实上，他 1942 年到商船队做了一名船员，此举更多是出于个人原因而非政治目的。在其第一部小说《镇与城》中有如下描述：当战争来临，那个带有凯鲁亚克自传色彩的人物彼得·马丁希望商船上的差事成为他迈向自己向往生活的第一"大步"。然而，小说叙述者这样说："他从来没有从战争视角考虑过此事，他想到的是这片浩瀚的灰暗海洋将成为他灵魂起舞的舞台……实际上，世界大事对他而言毫无意义，它们都不够真实，而他确信超级精神的存在以及伟大的诗歌所带来的奇妙欢愉之幻想'远比所有事物都更真实'。"

虽然这样想，但是凯鲁亚克在商船队只待满了一次航程，然后就于 1942 年晚些时候加入了海军。他刚一入伍就开始抱怨头痛，服役八天后就被列入病员名单。此时他被诊断为精神分裂症（当时称早发性痴呆），在海军医院里住了数周，尽管他拒绝这个诊断结果，声称虽然有时他确实看到过清晰的幻象——这种特征在后来的日子里大大影响了他的创作——但他没有听到过"声音"，也没有出现过该病的其他症状。他的病历中有诸如"无节制饮酒""长时间心事重重"等描述。一位精神科医生写道，虽没受过什么专门的写作训练，这位病人却是个劲头十足的小说家，奇怪的是在他眼里"自己的行为没有什么不同寻常的"。另一位精神科医生援引凯鲁亚克父亲的话，说他儿子"孤辟［原文如此］、倔强、任性，憎恶权威和劝告"，医生还说这个年轻人"长时间以来内心一直在'沸腾'"。凯鲁亚克在参军数月后，于 1943 年 6 月离开军队。军方的记录写道："不宜海军服役，一般性退伍处理。"

回到纽约后，凯鲁亚克结识了巴勒斯、金斯堡、亨克等人，1944 年他与哥伦比亚大学同学伊迪·帕克（Edie Parker）结婚。不久后他与尼尔·卡萨迪相交，这是垮掉派历史上名副其实的最重大事件之一。卡萨迪来自丹佛市，凯鲁亚克乘坐巴士前往那里去见他，这是凯鲁亚克早期的一次旅行，而这种执着的旅行是他的生活和传奇的中心内容。他在 1947 年到 1957 年间去过的地方包括旧金山、内华达山脉、北卡罗来纳州、华盛顿州、墨西哥城、英格兰、法国和摩洛哥。旅行期间他娶了第二任妻子，对佛教的兴趣愈加浓厚，在摩洛哥的丹吉尔市替巴勒斯整理、打出其手稿《赤裸的午餐》，并写下他几乎所有的重要作品。据他的朋友约翰·克列农·霍尔姆斯讲，在20世纪50年代，凯鲁亚克平均每12个月就能写出两本书。霍尔姆斯认为，除了在威廉·福克纳（William Faulkner）创作其最伟大的四部小说的那四年，美国文坛从未见过如此旺盛的创造力的迸发。

《在路上》创作之初

凯鲁亚克发表的首部小说是《镇与城》，该书于1946年至1949年间写成，并且他遵循了几百年来作家一贯的方式：写写改改、改改写写。很快他就会批评并摈弃这种写法，不过在当时他尚未真正提出过质疑。哈考特-布雷斯出版公司于1950年出版了《镇与城》，凯鲁亚克由此吸引了不少公众注意，被认为是一个有前途的新秀作家，但一年后他发现自己又重归沉寂。概因当时严肃的鸿篇巨制没有多少市场，这些小说主要受到作家托马斯·沃尔夫（Thomas Wolfe）的影响，内容充斥着对现代美国生活种种矛盾的悲叹。

1950 年，凯鲁亚克还与朋友比尔·卡纳斯特拉（Bill Cannastra）的遗孀琼·哈弗蒂（Joan Haverty）结为连理。比尔不久前在试图上演一场恶作剧时不幸死于非命，当时他竟在地铁将要开进隧道时爬出车窗。哈弗蒂不久就与凯鲁亚克分道扬镳，因为她发现凯鲁亚克对其母亲的依恋程度远远超过了他对自己妻子的爱恋。但她还是让凯鲁亚克搬进了自己的公寓，继续写那部他从 1948 年就开始创作的新小说。小说初步命名为《在路上》，内容基于他在旅行中积累的大量日记，日记里记录了自己的经历和感想。到 1950 年初，他已完成了很多《在路上》的书稿，却对它们都不满意。

自发性的波普韵律

为了重塑自己的写作风格，使其焕发活力，凯鲁亚克绞尽脑汁。他重拾两封来自卡萨迪的非同寻常的信函，后来卡萨迪成为了其新小说中的人物迪安·莫里亚蒂的原型。这两封信分别写于 1947 年和 1950 年，《伟大的性爱函件》和《琼·安德森函件》是后来人们对它们的称呼。它们具有一种疯狂的激情和肆意的放纵，尤其是后者。凯鲁亚克将其称为"疯狂写作"。一个人何以能够经常性地写出如此完全自发和绝对即时的作品呢？这一问题在 1951 年的一个傍晚突然迎刃而解：他当时在听中音萨克斯演奏家李·科尼茨（Lee Konitz）那低回流转的连复段落。其秘密在于模仿他最钟爱的爵士乐手那种绵延不绝的即兴创意演奏。

凯鲁亚克按照这种新的想法开始重新创作《在路上》。既然问题的关键在于自发性，那他就将多张绘图纸首尾相连黏在一起，这样他就能将一长卷纸送入打字机，而不必在每当需要换纸时停下来。从音乐的角度来看，凯鲁亚克正在从音乐会管弦乐队模式——乐谱放在乐谱架上随着演奏的进行而翻动——转向前卫爵士乐模式，除了生理必需的呼吸之外不需对创作过程作任何中断。凯鲁亚克还决定摈弃"写作 101"中诸如标点和分段等的基本要求；他并不将文字看作句法链条上的环节，而是视之为一段旋律中的音符，它们在永不停息地流动，仅受作者在即时创作中各种本能和直觉的指引。其结果是一项史无前例的、具有"自发性的波普韵律"的——用金斯堡那恰如其分的话来形容，一个一气呵成、几乎长达 120 英尺、没有任何空行的文本。

　　如同其行文风格，小说的内容也一反常规。其主题是凯鲁亚克与卡萨迪——他最亲密也最具嬉皮士派头的朋

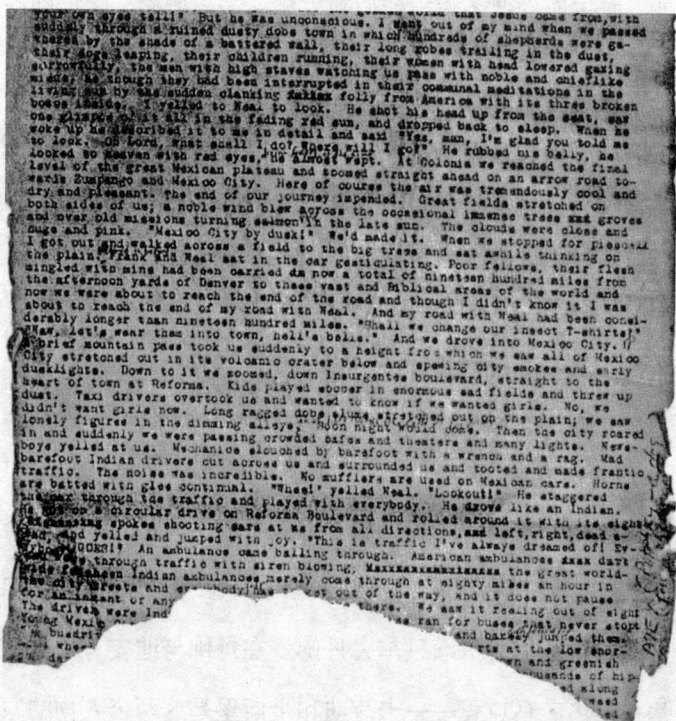

图 4.　杰克·凯鲁亚克在一个几乎长达 120 英尺的长卷上用打字机完成了小说《在路上》的创作。长卷的尾端不平整，凯鲁亚克用铅笔在页边空白处注明了是他朋友卢辛·卡尔养的一只英国可卡犬"波奇基"趁没人的时候将尾端的几英寸咬掉的。有些观察家则猜测是凯鲁亚克对原版结尾不满意而自己撕掉的。

友——一起穿越美国的旅行。但作品里没有传统意义上的
故事情节，相反，有的是两个年轻人搏动的能量所决定的
行动、描述和印象，他们几乎一刻也停不下来，一路上的
所见所闻大部分让他们欣喜若狂，其余的让他们恨之入
骨，对于所遭遇的冷漠他们则不屑一顾。他们的各种细微
情感都记录在生动而有力的散文文字中，整部作品在大约
三周内便大功告成，这一切归功于凯鲁亚克闪电般的打字
速度，以及只要有充足的咖啡供应就很少需要休息、日复
一日连续工作的能力。

旅程

　　《在路上》讲述了穿越美洲大陆的四次旅程。在第一
次旅程中，凯鲁亚克在小说中的替身萨尔·帕拉代斯准备
从纽约出发搭顺风车去丹佛，结果却乘坐巴士到了芝加
哥，再从芝加哥搭顺风车去丹佛。在丹佛与迪安·莫里亚
蒂和卡洛·马克思——卡萨迪和金斯堡是这两个人物的原
型——进行了一番历险之后，他便前往旧金山，那里住着
另外一位老朋友。但他很快便逃离了那里令他感到乏味的

生活，来到了南加州，与一个在南下巴士上遇到的墨西哥女孩一起干体力活儿。之后他回到了纽约。

第二次旅程从弗吉尼亚州开始。迪安和他的女友及一个叫埃德·邓克尔的家伙突然到来，邓克尔要去新奥尔良与他的妻子相会，而老布尔·李（其原型是巴勒斯）现在就住在那里。四个人驱车北上去新泽西州和纽约，然后南下去新奥尔良，接着又往西去旧金山看望迪安的另外一位女友，她怀孕了。迪安决定留下陪旧金山的女友，萨尔乘坐巴士回到纽约。

第三次旅程始于萨尔前往丹佛，然后辗转旧金山再次寻找迪安。在和女人闹了些不愉快之后，两人搭顺风车到了丹佛，然后开飞车，只用了 17 个小时便到了芝加哥。接着他们回到纽约，但没有逗留太久。在其第一部小说出版后，萨尔来到丹佛与迪安厮混，两人接着开车去了一个墨西哥村庄寻欢作乐。萨尔生了病而迪安则溜去了纽约，萨尔病好之后也回到了纽约。故事在甘中带涩的气氛中收场：萨尔在纽约与迪安挥手告别，心里清楚他的朋友有不负责甚至不忠实的一面，但也意识到迪安已永远改变了他看待生活的方式。

对于垮掉一代之后出生的几代人来说，很难想象在开阔公路上骋驰的自由一度有着多么大的诱惑。在第二次世界大战刚结束的年代里，美国大地已几乎不具旧殖民时期和拓荒时期那种蛮荒（即未经欧洲拓荒者开垦）的风貌了。但美国依然辽阔而多样，足以让有冒险精神之士一想到要穿越这片国土便激动不已。自从凯鲁亚克收起搭顺风车时穿的鞋不再远行，美国的国土又变大了些，增加了两个州——阿拉斯加和夏威夷，它们于 1959 年加入美国。然而，这个国家看起来已不像它在 20 世纪 40 年代和 50 年代那样充满新奇色彩了，当时，农场和小镇主导着这片大陆，州际公路系统（大约有 41,000 英里的里程）也尚处在建设初期。

简言之，在那个年代里，美国大地上弥漫着一种**神秘色彩**。电视刚开始显露其商业力量，尚未一个劲儿地播放千篇一律的节目，因此国家也尚未同质化。到一个新地方去意味着听到不同的口音、看到不同的服饰、品尝不同的食物、遇到以前从未体验过的民风。fellaheen 一词的概念也增加了旅行对凯鲁亚克的吸引力，他从奥斯瓦尔德·斯宾格勒（Oswald Spengler）的《西方的没落》一书中读到

该词，这本书是 1944 年巴勒斯推荐给他的。凯鲁亚克将
fellaheen 一词拼写为 fellahin，该词源自 fellah，讲阿拉伯
语的国家用其来称呼农业工人或农民。凯鲁亚克在广义上
使用该词；如在《在路上》一书中，叙述者萨尔·帕拉代
斯称 fellaheen 为"原始而哀号着的人类的本质特征"及"人
类的根源和始祖"。凯鲁亚克视 fellaheen 为另一个版本的
"必承受土地的温柔的人"；正如萨尔所推想，"当毁灭降
临'历史'的世界，农夫所预言的天启将再次回归，一如
此前的诸次回归，不管是从墨西哥的洞穴里，还是从巴厘
岛的洞穴里，人们都将用同样的目光凝视伊甸园，那里是
万物起始之处，亚当在那里被哺育长大并开启知识之旅"。
他们如此坚韧的秘密在于他们能够活在当下，而不是用抽
象文化思维思考这样或那样的可能。

　　凯鲁亚克对此的看法是天真幼稚的——例如他自己对
农夫的概括就显得缺乏具体细节——有时他的观念与现实
尤为脱节，如在《在路上》这段叙述中，萨尔在丹佛的非
裔美国人居住区散步：

　　……感到白人世界中最好的东西对我来说也不够狂喜，

没有足够的活力、欢乐、刺激、黑暗、音乐，没有足够的黑
夜……我希望我是一个丹佛的墨西哥人，甚或一个累死累活
的贫困日本佬，怎么都行，只要不像我现在这样如此无趣……
我只是我自己……希望我能和那些幸福、忠实、快乐的美国
黑人交换世界。

看到这些真想抓住凯鲁亚克使劲摇晃并告诉他要面对
现实。20世纪40年代后期在美国大都市"有色人种居住
区"的生活多半是贫困、艰辛、充满暴力的，并非那种充
满了欢乐和刺激的温柔遐想。凯鲁亚克完全有理由为破灭
的美国梦未能履行诺言感到失望，但他关于城市农夫的幻
想既笼统模糊、有失准确，又未能使萨尔振作起来。

凯鲁亚克相当天真地希望那些与其愿望和幻想不相
符的有关农夫的现实能够消失，但他又相当敏感，以至于
他日渐意识到人类无法想象能够最终与世界上无尽的弊病
与罪恶达成和解，他为此感到一种心理上的震撼。在阅读
凯鲁亚克从墨西哥西海岸、洛杉矶贫民窟、华盛顿州伐木
小镇、海上锈迹斑斑的油轮以及天知道什么别的地方寄来
的信件时，约翰·克列农·霍尔姆斯想到的是一个即将溺

亡之人，他的拼命挣扎只会把危急的情况弄得更糟；一个"正逐渐消失不见之人，他正沉向生活和自我的黑暗深处，沉到'文学'之下，沉到它那微弱的火光照亮的地方之外"。然而在其艰难探索中凯鲁亚克不断地进行交流，当他沿着绵延不绝的美国公路漫游时，他同时也在越来越深入地走向自我。他在 1952 年的一封信中所写道，最能呼应他这段经历的形式是"**野性的形式**，老兄，野性的形式……我有一种狂野的欲望想写下我知道的一切……在我生命的这个时期我在拼命地寻找那种野性的形式，它能够伴随我野性的内心生长"。

硬币的另一面

然而，世上万物都有其两面性，凯鲁亚克与公路的情缘也不例外。这种情缘部分源于他对冒险和新奇事物的深深渴望，但也源于他对美国人常过的那种生活的不满。童年时代的家庭、早期的宗教经历以及来自一个人口不多的新英格兰城市的身世——他在都市生活和小镇生活的微妙平衡中长大，这两种生活方式虽然相互矛盾，但都一直吸引着他——这些都带给他慰藉，但美国人常过的那种生活却无法提供同等的安慰。

而且，垮掉一代甫一成为一种文化现象，人们就开始将凯鲁亚克视为他自己作品中的那个垮掉派领袖——他们忘记了这样一个事实：虽然《在路上》植根于现实生活，但它毕竟是一部**小说**，而非一本回忆录、自传或忏悔录。凯鲁亚克经常搭顺风车的一个原因是他不喜欢开车；但这并没有解决问题，因为其实他也不喜欢搭顺风车，当乞求搭车时会感到一种"原生的耻辱"。酸痛的双脚和空空的口袋也是他无奈搭顺风车的原因。霍尔姆斯回忆道，凯鲁亚克每次踏上搭车之旅，心里总会惧怕被困在一个寒冷荒凉的地方。

至于凯鲁亚克对汽车的所谓钟情，霍尔姆斯曾亲眼看到他"在一次醉意朦胧、从纽约到普罗温斯敦的六个小时的飙车旅程中，蹲在车里，惊慌失措"。和我们大家一样，这个垮掉派之王也是个非常普通的凡夫俗子。

有趣的是，凯鲁亚克踏上最后一次重要旅程的 1957年，也是《在路上》出版的那年。1958 年，他为自己和母亲在长岛的诺斯波特买了一栋房子，随后就开始在诺斯波特和佛罗里达州两地往返，而他挚爱的母亲，加布丽埃勒·"梅梅尔"·凯鲁亚克（Gabrielle "Mémère" Kerouac），总是与他形影不离。这个漫游者心中漫游的渴望依旧，但现在换了一种大不相同的形式，而到了 1961 年《孤独天使》出版时，他已准备永远告别旅行了。在那部小说中他去了摩洛哥的丹吉尔市，在那儿他对自己说：

> 杰克，这是你世界旅行的终点了——回家吧——回美国安家乐业吧——虽说这也好，那也好，但哪里都不适合你——平平无奇的老家旧屋顶上顽皮的小猫在**呼喊**着你呢，提让——这些家伙都不懂你。

他说这话是当真的。他在 1965 年夏天去法国短期旅行，为《巴黎参禅记》一书搜集素材；除此之外他在余下的岁月里大都待在美国东海岸，1966 年从佛罗里达州搬到科德角，次年又回到洛厄尔。尽管那时酒精和疾病已大大影响了他的健康，1968 年他还是与几位内兄内弟（他在 1966 年娶了第三任妻子斯黛拉·桑帕塞 [Stella Sampas]）去了趟欧洲，其后不久他最后一次搬家，搬到了佛罗里达州的圣彼得斯堡，并在那里去世。

自发性的界限

凯鲁亚克对自发性写作的信奉影响了许多作家，其中包括其他垮掉派作家，他们认同他的信念：只有一场写作上的革命才能反击禁锢了 20 世纪中期美国的从众主义和趋同势态。金斯堡称赞即兴创作为获取"大脑中灵光之闪现"的秘诀，而巴勒斯通过一种半随机的方式对现有文本进行剪裁、粘贴、折叠来达到类似自发性的效果。

《在路上》完稿后过了六年才由维京出版社于 1957 年出版，而且公众的反应毁誉参半。最重要的肯定评价来自吉尔伯特·米尔斯坦（Gilbert Millstein），他在《纽约时报》上撰文欢迎该书的出版，称其为一部"重要的小说"及一件"真正的艺术品"。最有名的奚落来自作家杜鲁门·卡波特（Truman Capote），他嗤之以鼻地说："那不是什么写作，不过是打字而已。"但是小说的延迟出版也好，漠不关心的评论家的冷嘲热讽也罢，都没有减弱凯鲁亚克对自发性写作，或更宽泛一点，对"最初想法即最好想法"的写作哲学的热情，他认为即兴的直觉是通往创作佳境的最好途径。他坚持修改是艺术的敌人，甚至批评金斯堡对其手稿中一些简单的打字错误和手误所作的更正。在一篇名为《自发性写作要略》的宣言中，凯鲁亚克呼吁人们"（仿照爵士乐手）演奏主体意象"并"跟随大脑的自由偏离（联想）进入无边的主体演奏的思想海洋"。另一篇名为《现代文体的信条与技巧》的声明包含了诸如"尽力为头脑中已完整存在的思绪画出草图"及"心中的感受将会找到自己的形式"之类的建议。尽管爵士乐即兴演奏一直是他的主要模式，他也将自己视为文字领域的视觉艺术家，运用词语来捕捉和传达那挤满了他脑海的万千意象。除了增进他所珍视的美学效果外，凯鲁亚克感到"恍惚的波普创作"是对存在的真实性的一种保证，它深入人类的本质，却不需关注社会习俗或既有观念。

那种认为凯鲁亚克奉行纯粹的即兴创作的看法即使不是完全错误的，也是言过其实的，这其中至少有四个原因。第一个原因在他的《自发性写作要略》一文中说得很明白。文章开头写道："对象在头脑中闪现前就已经存在，要么在现实中……要么……在记忆中，它凭借记忆里的一个明确意象客体成为画出的草图。"不管写作过程有多么迅速而流畅，如果作品的内容、走向和最终形式与意识中特意出现且持续存在的具体意象有直接联系的话，那么它就不算是完全即兴的作品。第二个原因是凯鲁亚克对他生活和工作的文化环境极为熟悉，他从周围环境中直接提取自己小说、故事、诗歌所需要的语言素材，就像一个新闻记者或者人类学家，与其说是创作了，不如说是**记录**了眼前场景的语言基调。亨利·米勒（Henry Miller）在为凯鲁亚克的小说《地下人》所作的序言中对此作了准确的阐释："他'发明了它'，人们会说。他们应该说的是：'他**找到**了它。'他找到了它，挖出了它，记下了它。"

第三个质疑凯鲁亚克自发创作纯粹性的因素是记忆在他作品中所起的关键作用。凯鲁亚克有惊人的记忆天赋——他在孩童时代被称为"记忆神童"——他还总是用笔记本记下东西以供将来之需。除此之外，他有很强的语言表达倾向，以至于文字与他所做的一切如影随形；据他的传记作家杰拉尔德·尼科西亚（Gerald Nicosia）说，在参与体力活动时他会在头脑中组合文字，随后把它们写下来或打出来不过是过程中的另一环节。凯鲁亚克还有在头脑中反复回想事情的习惯，在把这些经历写下来之前他会精雕细琢、再三推敲，以找到最恰当的语言表达方式。修改是他的敌人，但卡萨迪所谓的"预先修改"却是一个难得的朋友。

最后，其实并没有绝对纯粹的即兴创作。最出色的爵士乐手演奏时也不是无中生有或懵然未觉，而是依靠整套的旋律往复、和声搭配、节奏操控、结构选择以及诸如此类的早已学会、练熟、了然于胸的专业技巧的帮助，才能以看似即兴的方式突如其来地入听众之耳。上述这些观点并非意在贬损凯鲁亚克作为一个文体家、创新者以及影响了现代美国文学的先锋的光彩。他的声望已足够显赫，不需夸大其词的评价为他粉饰门面，将其称为即兴天才，说他的即兴创作是源于自我深处的天赋，没有受到文化传统之熏染云云。

不同的路

尽管对许多读者来说，《在路上》的旅程是垮掉派核心理念的缩影，但实际上凯鲁亚克在他的前一部小说《镇与城》中首次表达了自己对旅行、漫游及遥远之地的诱惑的迷恋。在小说中，他将自己的多样性格分别放在三兄弟身上：一个打橄榄球的辍学大学生、一个工人阶级的流浪汉，及一个持怀疑论的知识分子。随着情节的展开，故事转移到很多地方，突出表现了凯鲁亚克所感受到的来自两方面的压力：一方面是单调却又宁静的小镇生活氛围，另一方面是刺激却又危险的城市生活诱惑。尽管这部小说常遭人忽视，被看成是刻意模仿托马斯·沃尔夫——凯鲁亚克当时的偶像——那种晦涩而松散的文风，但小说自始至终都打上了凯鲁亚克自己艺术技巧和真诚态度的烙印。

除了几个例外暂且不提，旅行并不是凯鲁亚克接下来几部小说的主题。《萨克斯医生：浮士德第三部》写于1952年并于1959年发表，是一部关于他早年生活中各色人物、场所和事件的长篇奇幻冥思之作。《麦琪·卡西迪》写于1953年亦于1959年发表，单纯讲述了一个浪漫爱情故事，故事发生的小镇与凯鲁亚克长大的那个马萨诸塞州小城非常相似。《地下人》写于1953年秋并于1958年发表，故事发生在旧金山，小说中凯鲁亚克的替身利奥·佩瑟皮耶与一个年轻的黑人姑娘经历了一段恋情并最终伤心分手。《特丽丝苔莎》写于 1955 或 1956 年并于 1960 年发表，讲述了一个墨西哥背景的爱情故事。《热拉尔的幻象》写于《特丽丝苔莎》成书前后并于 1963 年发表，故事源于凯鲁亚克对他身在天堂的哥哥的诗情追忆。

这个时期确与旅行相关的一部小说是《科迪的幻象》，该书于 1960 年发表但写于 1951 或 1952 年，即《在路上》完成后不久。然而，在这部书中，旅行本身并不太重要，而是主要起到了有机串联的作用，继《在路上》之后再一次探讨了凯鲁亚克与尼尔·卡萨迪——小说标题人物的原型——的关系。《科迪的幻象》事实上是《在路上》的改写版和更激进的实验版，它在风格上更为支离破碎和即兴，相比之下前一部小说倒显得传统了许多。凯鲁亚克下一部以旅行为中心的小说是《达摩流浪者》，写于 1957 年末并于次年初完成，其主题是求佛问道。在第一章里，凯鲁亚克的替身雷·史密斯与一个流浪汉同乘一节闷罐车前往北加州，那个流浪汉实际上是一个达摩流浪者——一个专注修行（达摩）但在世人眼中却落拓邋遢（像一个流浪者）之人。到了伯克利后，雷与加里·斯奈德的替身贾菲·赖德数次促膝长谈，贾菲对禅定的领悟远胜于雷。另外一个关键人物是艾伦·金斯堡的替身阿尔瓦·戈尔德布鲁克，他（在生命的这一时期）对刺激的兴趣要大于宗教。雷和贾菲到内华达山脉登山；期间雷回到东部与乏味的家人过了一段日子，然后又回到了伯克利；贾菲最终远赴日本，而雷则登上了孤独峰，继续他的禅修之旅。

《孤独天使》写于 1956 年至 1961 年间并于 1965 年出版，其书名非常明显地指涉杰克·杜洛兹当山火瞭望员，如僧侣般避世隐居的那个孤独山顶。然而故事的背景不仅包括他依赖的纽约——凯鲁亚克通常活动的大本营——还包括丹吉尔市和墨西哥。写于 1961 年的《大瑟尔》记述杰克·杜洛兹为了摆脱鹊起的作家声名，来到北加州一个朋友借给他的小木屋。初来乍到时对自然风光的新鲜劲儿逐渐消退后，取而代之的是酗酒给他带来的心理和生理上的折磨。

作为小说家，凯鲁亚克的目标是把他主要的小说整合成一个庞大的"杜洛兹传奇"系列，他保持系列中人物的名字始终一致，这样整个系列便可视为一部宏大的自传史诗。当作整体来考虑，他的作品明显涉及了两种类型的旅行：一种是跨越**世界**的旅行，催生了那些情节多变的小说，如《在路上》和《达摩流浪者》；另一种是穿越**自我**的旅行，催生了那些多了份思想深度的内省小说，如《萨克斯医生》和《热拉尔的幻象》。这两种不同的旅行常被糅合进同一故事，如同其早期小说《镇与城》和发表于 1968 年的后期小说《杜洛兹的虚荣：杰克·杜洛兹历险教育记，1935—1946》中那样。尽管两种类型对他都很重要，凯鲁亚克更专注于内在的旅行而非外在的旅行，即使《在路上》一书赋予了他一个旅行者的形象。即便是描写流浪生活的小说《在路上》也留有篇幅认真思考严肃问题，如萨尔不情愿地意识到迪安道德有限。内省是凯鲁亚克所有小说的关键特征，包括一些次要作品，如中篇小说《皮克》(创作始于 1951 年，1969 年写成，1971 年发表) 和《巴黎参禅记》(1965 年写成，1966 年发表)。

凯鲁亚克尽其所能地探求自己的内心，他思索着这个世界以及寄身于其中的自我——当他在公路上开车飞驰时，或是在山顶上冥思遐想时，或是在酒吧里借酒浇愁时，或是在探究交友之乐和精神陶醉的种种可能时。不过令人遗憾的是，内省使凯鲁亚克接触到了他那脆弱的灵魂所无法承受的东西，带来了导致他死亡的理想幻灭和酗酒恶习。

路的尽头

是什么事让凯鲁亚克的耀眼星光骤然黯淡了呢？有无数个答案，其中包括突然成名、过度饮酒以及自孩童时代就开始不断恶化的心理问题等。他并没有停止创作——那部棒极了的《杜洛兹的虚荣》就是在他去世前一年写成并出版的——但是他生前最后几年大多都是在喝酒、闲荡、喝酒、听爵士乐、喝酒以及与他的母亲在各处共住的房子里看电视中度过的。

梅梅尔是问题的一部分。凯鲁亚克极为依赖她，终其一生，每当他需要安慰、休息或是想从纷扰的外界得到片刻喘息时，他都会投奔到她那里。但他们的关系中却存在某种有悖常情的东西，这在他生命的最后几年中愈发明显。在回忆最后一次到他们在长岛的房子探望时，金斯堡在纪录片《凯鲁亚克怎么了？》中讲述了两人之间的怪异关系。"我一生中从未听到过杰克对他母亲说的那种话或他母亲对杰克说的那种话。"这位诗人说道，他一辈子什么粗鄙的语言没听过？"他称她为一个肮脏的老骚货，[并说]'滚开，你这个老娼妇！'真是可怕的话，两个人都醉了酒……据他说，她跟他一样嗜酒如命！这不是什么秘密——那些年他们总是一起喝酒……他们说起话来都疯疯癫癫的。这就像左拉（Zola）某本惊世骇俗、堕落透顶的小说里的一个场景。"

垮掉派学者安·查特斯将梅梅尔描述为一个聪慧、能干、务实的女性——可是她总的来说同意金斯堡的看法。查特斯在《凯鲁亚克怎么了？》中回忆了一次探访他们的情景：

他说："妈，你是唯一一个我想娶的女人。"然后他站起来离开了房间……然后她对我说："你知道，他上周喝醉时，拿了把刀朝我扔来，我躲开了，刀正中那个地方。"那所房子里有种奇幻的氛围……随后他回到了房间，坦白地说，两人像一对琴瑟失调的已婚夫妇那样吵闹起来。"你给她看了那里？！你给她看了那里？！我跟你说过不要给她看那里！"我说："好吧，晚安，两位，明天见。"

酗酒是凯鲁亚克走向衰颓的最明显症状。有人将此视为道德上的缺陷，但这更有可能是针对某种抑郁或双相障碍的自我治疗形式。不管是出于什么原因，它都带来了糟糕的后果。据《波士顿环球报》一个采访他的记者说，到1968 年他已经邋里邋遢、身体发福，每个钟头都要灌下12 到 15 小杯威士忌和几大口啤酒。在这样的境况下记者居然能成功地进行采访，着实惊人。采访中凯鲁亚克的第一句话是："要是没有我的苏格兰威士忌和啤酒，我就不和任何人讲话。"

凯鲁亚克对酒的态度是爱恨交加。他承认自己是在往死里喝——作为一个罗马天主教徒，他感到"真的"自杀不可取，他在 1962 年的一封信里写道："至少，酗酒绝对是唯一一种快乐的疾病！"他于 1969 年 10 月死于酗酒。

卡尔和卡默勒尔

1944 年发生了一件让凯鲁亚克、巴勒斯和金斯堡都深受困扰的事情，这促成了一些早期垮掉派作品中那种悲观的人生态度。这场悲剧的主要人物是卢辛·卡尔和大卫·卡默勒尔（David Kammerer）。

卡默勒尔自童年时代起就和巴勒斯是朋友，1933 年两人曾一起去欧洲游玩。巴勒斯认为他"总是很幽默，是派对的灵魂人物，完全没有中产阶级的道德观念"。卡默勒尔被聘为圣路易斯市华盛顿大学的讲师，同时他还负责一个青年团体的事务，卡尔还是个孩子时就加入了该团体。根据各种流传的说法，卡默勒尔热恋上且执迷于卡尔——一个有钱的哥伦比亚大学学生，凯鲁亚克在《杜洛兹的虚荣》中将其描述为这样一个年轻人，他"有着非凡的男性之美……像极了奥斯卡·王尔德（Oscar Wilde）作品中那些典型的男主角"。

1940 年，得到卡尔母亲的许可，两人结伴去墨西哥旅行。然而，在看到卡默勒尔的一些信件后，这位震惊万分的母亲竭力将他们分开。卡默勒尔于是追随卡尔来到他辗转就读的每所学校。卡尔显然对同性恋关系不感兴趣，但他似乎喜欢这位年长的朋友对他无微不至的关怀，尤其是这位前英语老师还替他写大学里的作业。1943 年卡尔转学到了哥伦比亚大学，而卡默勒尔和巴勒斯也尾随而至。

不久后卡默勒尔遇到了金斯堡和凯鲁亚克，成为了刚刚兴起的垮掉派圈子的一员。

卡默勒尔和卡尔是古怪的一对，总要闹出点事来，小到孩子般的嬉戏，大到严重的情感危机。1943年发生的一起情感危机中，卡尔在一次自杀未遂后被送到了一家精神病院。后来卡尔爱上了一个年轻女人，他们之间本已不稳定的友人关系再次恶化。卡默勒尔一会儿跟踪卡尔，一会儿又拒绝见他。1944年的一个夏夜，两人的紧张关系终于爆发。那晚卡默勒尔一直在找卡尔，最终发现他醉倒在"西岸"——一家哥伦比亚大学附近的酒吧。他们一起离开了酒吧，后来夜里在不远处的一个山坡上打了起来。

据泰德·摩根（Ted Morgan）的叙述，卡尔后来去了巴勒斯与凯鲁亚克和伊迪·帕克两人共住的公寓，告诉他们后来发生的事情，并把卡默勒尔的眼镜扔到一张桌子上。"我刚刚干掉了那个老家伙。"卡尔说，"我把我的童子军小刀刺进了他的心脏。"凯鲁亚克问他为什么要这样做。卡尔回答说："他偷袭我。他对我说'我爱你'之类的鬼话，说他没有我活不下去。"他还补充说卡默勒尔曾威胁要杀掉他和他的女友。在刺死卡默勒尔之后，这个年轻人用衬衫撕成的布条把石头缚在尸体四肢上。然后他将卡默勒尔的尸体推到了哈得孙河中，尸体在原处打转，直到卡尔跳下水一直蹚到齐脖深处，将其推进了激流。

巴勒斯建议卡尔去自首并作正当防卫辩护。凯鲁亚克却另出主意，与卡尔去了犯罪现场，卡尔在那儿埋掉了涉案的眼镜并将他的小刀扔进了下水道。然后他们一起去喝酒并看了场电影。两天后，卡尔接纳了巴勒斯的建议向警方自首，达成了一份认罪辩诉协议，将原本可能长达20年的刑期减至实际服刑两年，并改为在管教所而不是监狱服刑。他离开管教所后完全变了样，一心想过传统的生活，甚至后来金斯堡将《嚎叫》一诗题献给他时，他还因此不满并抱怨。

巴勒斯和凯鲁亚克被认为是这桩罪案的决定性证人，因没有向警方报告而遭逮捕。巴勒斯的家人立即将他保释了出来。凯鲁亚克的父亲深感羞辱拒绝跟着做，于是帕克支付了保释金，条件是凯鲁亚克和她结婚。他照办了。金斯堡没有被拖入这场官司，但他对所发生的一切深感震惊，担心这件事正是他和友人沉溺于有点病态的浪漫主义所带来的可怕后果。他不久后开始创作一部小说——《血歌》，其内容正是基于这次事件。凯鲁亚克则在一部同样未完成的中篇小说《我希望我是你》中写到了这场悲剧。他后来将此事写进了他的第一部小说《镇与城》和最后一部小说《杜洛兹的虚荣》。这件事的直接影响是，凯鲁亚克与巴勒斯试图以它为蓝本匿名合写一部小说——《而河马被煮死在水槽里》，名字取自一篇关于马戏团火灾的新闻报道。他们找了一个代理人，但没人愿意出版这部小说。

巴勒斯

垮掉一代何时诞生并没有一个特定的时间，但可以说它始于 1914 年巴勒斯出生的那天，因为他是垮掉一代中年龄最大的成员。尽管他喜欢说自己不是什么家境优越之人，但他的全名是威廉·苏厄德·巴勒斯二世（William Seward Burroughs II），他同名的祖父威廉·苏厄德·巴勒斯发明了四则运算机，一种名字绕口的加法机。它销量不错，于是老巴勒斯着手创建了著名的巴勒斯加法机公司。巴勒斯的母亲劳拉·李（Laura Lee）是罗伯特·E. 李

（Robert E. Lee）[1] 的后裔，这更让这个典型的美国家族声势显赫。到巴勒斯二世出生时家道开始中落，但他父母仍有足够的经济实力承担他一生中大部分时间的经济支出。他宣称钱对他来说从来就不是个问题，直到他染上吸毒的恶习。

巴勒斯得意于自己从童年时代起就养成的古怪举止。四岁的巴勒斯被一个教他诅咒和咒语的保姆以友相待；八岁的巴勒斯拥有一间摆满了秘密化学实验仪器的密室；即将迈入青春期的巴勒斯脸色蜡黄、落落寡合。一个稍微"正常"点的人可能会想要回避对如此奇怪的童年生活的回忆，但巴勒斯却总喜欢在小说中玩弄其怪异的个人形象。例如，在他1983年的小说《死路之处》中，主人公金·卡森斯——"一个卑劣、病态、有不良嗜好的年轻人，对于极端和惊人之事有着难以满足的欲望"——与那个叫威廉·苏厄德·霍尔的作家人物屡有重叠，而后者显然是作者的替身。书中另外一个人物说金看起来像"吃羊的恶犬"，还有一个人物称他为"行尸走肉"。终其一生，巴勒

1　罗伯特·E. 李（1807—1870），美国将领，出生于弗吉尼亚州。在美墨战争中表现卓越，在南北战争中任美国南方邦联的总司令。

斯都喜欢制造一种令人不安的印象，不管是对生人还是熟人。

在几所不同的私立学校念完书后——其中至少有一所学校曾因巴勒斯尝试毒品实验而将其开除，他进入哈佛大学学习英语和（通过短暂的研究生课程）人类学。他在马萨诸塞州剑桥市的住处距纽约市很近，可以经常到那儿去探访哈勒姆区和格林威治村。他还将对武器，尤其是枪支的长期热爱付诸收藏行动。

从哈佛大学毕业后，他用父母的钱去欧洲旅行，思考接下来该干什么。一个想法是当一名精神分析师，于是他在维也纳学习了一小阵子医学，但事情已经很清楚了：性、毒品和写作对他有更强的吸引力。在返回美国之前他与一位犹太女人结了婚，目的是帮她逃避奥地利残暴的纳粹政权。他们最终离婚并不令人惊讶，因为这次婚姻完全是一种权宜之计，而且那时他的同性恋者身份也已确认，尽管他偶尔也会尝试通过治疗来"纠正"这种倾向（金斯堡也进行过此类尝试）。他25岁时开始了第一段专一的同性恋关系。后来关系变糟，他以一种狂野浪漫的受虐狂似的疯癫姿态表达了自己的失望：用一把鸡骨剪剪掉了自己左手小指的一截。

1940 年，美国加入第二次世界大战的前一年，巴勒斯正与父母住在一起，为他们家在圣路易斯市经营的礼品店派送货物，心中无时不在痛恨这种生活。他打算加入海军逃出去，却没有通过体检，这让他大失所望，因为他觉得参加战斗一定很好玩。随后他参加了飞行训练并申请加入滑翔登陆部队，结果他因视力不好而被拒绝了。下一个拒绝他的是一个叫"美国战地服务团"的志愿者组织，该组织的招募人员不喜其在大学期间的表现。因为一贯对谍报和谋略感兴趣，巴勒斯后来尝试通过家里的关系加入刚刚成立的战略情报局——中央情报局的战时前身，但他大学期间的古怪行为再次让他计划落空；这次的被拒要归咎于当时哈佛大学的一个宿舍管理员，他曾因巴勒斯在宿舍养了只雪貂而训斥他。

1942 年初，巴勒斯设法加入了陆军，但当意识到自己将成为一名普通士兵而不是一名军官时，他感到愤怒。他母亲替他精心策划了一个"平民残疾"的退伍方案，理由是征召心理上如此不稳定的人入伍明显是军方的过失。办理退伍手续花费了数月时间，这期间巴勒斯阅读了马塞

尔·普鲁斯特（Marcel Proust）的《追忆似水年华》。他
后来搬去了芝加哥，干了种种单调乏味的工作；几个月
的杀虫工作为他早期的小说《灭虫者！》提供了素材。
1943 年当他的朋友卡尔和卡默勒尔搬去纽约后，他也移
居到那里。次年巴勒斯和他的同居女友琼·沃尔默（Joan
Vollmer）（他与那个维也纳女人的婚姻已结束）与凯鲁亚
克及其女友搬到一起，合住一个公寓。很快全套的垮掉
派行为便都上演了：巴勒斯对吗啡上了瘾，沃尔默则对苯
丙胺上了瘾；1945 年，巴勒斯和凯鲁亚克开始合写小说
《而河马被煮死在水槽里》，该书从未完成（尽管 2008 年
它最终得以出版），后来却被视为尚未得名的垮掉派运动
形成过程中的重要一步。

呼叫本威医生

巴勒斯第一次认真的写作尝试也是一次合作体验。
1938 年，这位年仅 24 岁的哈佛大学毕业生与他的一生挚
友凯尔斯·埃尔文斯（Kells Elvins）着手写作一篇名叫
《夕阳余晖》的故事，其灵感来源于他们读到的一个沉船

事故。多年后，巴勒斯将故事的部分内容拼拼凑凑地写进了《新星快车》和其他作品中，最终凭借记忆重现了早已遗失或销毁的原始故事。

从《夕阳余晖》的一些片段可以看出，巴勒斯自成一派的风格已然形成，如讲述海上爆炸的那一段，爆炸声与自动点唱机上爵士乐手胖子沃勒（Fats Waller）演唱《星条旗之歌》的歌声交织在一起。试看下面一段：

本威医生，那个船医，醉醺醺地挥了下手术刀，在一个四英寸长的切口上又加了两英寸。

"这儿有一个小伤疤，医生。"护士说……"或许阑尾已经切过了。"

"阑尾已经切过了！"医生吼道，"本人正在切除阑尾！你以为我是在干什么？"

"可能阑尾在左边。"护士说，"你知道，有时会有这种事。"

"你就不能闭嘴吗？"医生说，"我就要到那一步了！……不要往我脖子上呼气！……再给我拿一把手术刀来，这一把没有刃……我知道阑尾长在什么地方。我 1904 年在哈佛学过阑尾切除术。"

显然，本威医生的形象——巴勒斯所塑造的最令人难忘的悲喜剧人物之一——在《赤裸的午餐》使其和巴勒斯名声大噪的许多年前，就已经在他头脑里孕育了。

巴勒斯擅长用"套路"为友人带来欢乐，那是一种基于角色构思和模仿的即兴诙谐表演。他表现在这些上面的天赋是他选择文学创作作为职业的一个因素。但真正让巴勒斯开始投入文学创作的并不是这个因素，也不是卡尔与卡默勒尔事件，而是 20 世纪 50 年代早期他所经历的两个转折点。当时他与沃尔默一起住在墨西哥城。

第一个转折点是他意识到自己作为海洛因吸食者的经历会是很好的写作素材。通过回忆毒品圈子的情形，巴勒斯于 1950 年初开始写作《毒品》，后来小说改名为《毒虫：一个无可救药的吸毒者的自白》，这是他出版的第一部小说。金斯堡的朋友卡尔·所罗门有一位叔叔在王牌图书公司工作，该公司出版廉价平装书。巴勒斯 1952 年与王牌图书公司签订了出版合同，一年之后该书便在书店上架销售了，但当时巴勒斯使用了笔名威廉·李（William Lee）。

另外一个转折点是一次心理创伤。巴勒斯后来称那件

事对他开启作家生涯起到了关键作用。事发时间是 1951
年。事发地点是墨西哥城的一处公寓（巴勒斯曾和沃尔默
在新奥尔良住了一小段时间，他因为从事非法毒品交易，
需要躲避可能的牢狱之灾，才逃到这里）。发生的事情则
是沃尔默因故死在了巴勒斯的手上。众所周知，巴勒斯喜
欢对个人经历信口雌黄、添油加醋，但是失手杀死沃尔默
这件事让他追悔莫及，因此人们没有理由怀疑巴勒斯本人
对该事件叙述的基本真实性，即使不是每一个细节都那么
准确。根据他的回忆，他和妻子在一个朋友的公寓里坐
着，两人相距大约六英尺远。那把致命的枪

在一个行李箱里，我将它取了出来，它上了膛，我拿它瞄准。
我对琼说："我想是我们玩威廉·退尔[1]游戏的时间了。"她拿
起高球杯在头顶上放稳。我为什么要那样做，我也不知道，
我好像被鬼魂附体了。那是彻头彻尾的疯狂之举……我朝着
酒杯开了一枪。

---

1 威廉·退尔（William Tell），14 世纪瑞士民间传说中的英雄，神箭手。
 因不听从命令而得罪当时统治瑞士的哈布斯堡总督。总督命退尔幼子头
 顶苹果，令退尔以箭射之，中，方得免罪。退尔中。同时又出示一箭，
 曰如不幸射中幼子，即以此箭返射总督。

枪打低了，击中了沃尔默头部的一侧，她当场毙命。

除去该事件确凿的事实外，一个不可避免的问题是：它为什么会发生？有可能是某种极其负面的情绪一直在巴勒斯的潜意识里兴风作浪，导致他做出了这样一个看似偶然但实则内心深处有其根源的毁灭举动。这或许可以解释在那致命一天的早些时候，他心里就出现了某种不祥的预感，"如千斤重担般压在我心头的一种失落和忧伤的情绪，整整一天，使我几乎无法呼吸"，他后来回忆，"它愈发强烈，到最后我泪流满面……那是一种难以抑制的大难临头和怅然若失的感觉"。

然而，还有一种可能就是沃尔默自己的潜意识里也有一种毁灭性情绪在作祟。据金斯堡讲，她"患有苯丙胺性精神障碍，每天要喝上一瓶特奎拉酒"。就在事发前一周，金斯堡还陪她和卡尔经历了一次"梦魇般的"穿越内华达山脉的公路旅行，他蜷缩在车子后座（旁边坐着巴勒斯夫妇的两个孩子，一个是他们亲生的，另一个是沃尔默与前夫所生），卡尔驾车"在蜿蜒曲折的山间土路上飞速狂奔"，而沃尔默则在一旁催他再开快一点。对究竟是谁先发起了威廉·退尔游戏这一问题，金斯堡在询问过现场每一个证人之后，感觉当时的情形与巴勒斯叙述的版本有所出入，他更倾向于将沃尔默的死归咎于她自我毁灭的冲动。

不管真正的原因究竟是什么，沃尔默的死激发了巴勒斯的创作活力。"我不得不面对这个可怕的结论，"他在其小说《酷儿》的序言中坦言道，

要不是琼的死我可能永远也不会成为作家，也不得不认识到这件事如此强烈地激发起我的创作激情并深刻地影响了我的写作生涯。我一直生活在鬼魂附体的威胁之中，也一直渴求着逃离这种鬼魂附体的纠缠……因此琼的死让我接触到了那个入侵者，那个丑陋的灵魂，并让我陷入一种终生的桎梏，不断熬煎挣扎。我别无选择，唯有不断写作以寻求解脱。

巴勒斯老老实实地服从保释期间所有规定和要求，给墨西哥官员留下了不错的印象。但是墨西哥法庭对他过失杀人罪的审判一再延期，于是他回到美国，最终被判两年缓刑。他随后去了南美。到 20 世纪 50 年代中期，他旅居摩洛哥，在这里写下了大量的故事、文章以及一封封给金斯堡的长信。他通过信件向金斯堡细诉款曲，但最后不得

不接受金斯堡已经心属彼得·奥洛夫斯基这一事实。奥洛夫斯基是一位诗人，后成为了金斯堡的终身伴侣。金斯堡经常为他的朋友担任文学代理人，于是巴勒斯把自己写的许多故事都寄给他，而金斯堡对这些故事进行了编辑并（在适当的情况下）送去发表。

巴勒斯还给金斯堡寄了一部叫《区际城》的长篇书稿，希望城市之光——由劳伦斯·费林盖蒂和彼得·D. 马丁（Peter D. Martin）于 1953 年在旧金山创建的书店和出版社——能够同意出版该书。城市之光拒绝出版，巴黎的奥林匹亚出版社也不愿出版，虽说两家公司在出版方面向来以大胆和创新闻名。金斯堡随后将书稿的一部分寄给《芝加哥评论》，虽然芝加哥大学拒绝在该杂志发表，但一位编辑把它发表在一份叫《大桌子》的新杂志的创刊号上。这时书稿的题目已被改为《赤裸的午餐》，后来奥林匹亚出版社改变主意，于 1959 年将该书完整出版，垮掉派所有小说中最具争议的一部作品就此正式问世——这是一部桀骜不驯又淫秽不堪的作品，它五花八门地把各种东西掺和在一起：暴力的性、性感的暴力、死亡、毒品、瘾癖、科幻小说、闹剧、末世论、轰烈的爱、蚀骨的恨，以及对美国社会从死刑到资本主义等一切现象的辛辣嘲讽。

创作这部令人叫绝的作品本身就是一次非同寻常的经历。1956 年，巴勒斯写信给金斯堡说："它喷薄而出，我几乎来不及写下来；它令我战栗，像一阵黑风横扫而过，侵入我的骨髓。"在《毒虫》和当时尚未出版的《酷儿》中，他使用的语言相对直截了当。但在本作中，他抛弃了这两部书的风格，找到了一种全新的、革命性的创作风格，如同他探讨的主题一样惊世骇俗、史无前例。《赤裸的午餐》将读者抛入了一个光怪陆离的世界，在激情澎湃、充满张力的文字风暴中，现实与虚幻的边界变得模糊不清。小说的一些章节语言风格差异不大，而另外一些章节不论是在风格还是思想方面都大相径庭、激烈碰撞。两条主线将各章节松散地串在一起：巴勒斯小说中的替身威廉·李的出现，以及无处不在的吸毒和同性恋。在这个人性已经大体异化的世界里，麻木和贪婪的滋生就像无情的太阳划过炽热的天空那样自然，吸毒和同性恋现象既被视为根植于内心的欲望冲动，又被视为人类需要的隐喻表达。

《赤裸的午餐》使用的一些意象和语言将会在巴勒斯后来的写作中不断涌现。其中最令人不适的是他的一个幻想：一个被吊在套索上的人全身抽搐、奄奄一息，从他那勃起的阴茎里喷射出大量的精液，洒落到下面兴奋而急切地观望的人们的脸上和身上。巴勒斯对这个场景乐此不疲地反复提及，甚至在 20 世纪 80 年代标志他创作生涯结束的晚期小说三部曲（《红夜之城》《死路之处》《西部之地》）中也有该场景出现。以传统眼光来看，这种东西简直无法想象、骇人听闻，《赤裸的午餐》就像此前的《嚎叫》那样受到了出版审查。1962 年它在波士顿被禁，欧斯金·考德威尔（Erskine Caldwell）1933 年的《上帝小园地》和亨利·米勒 1934 年的《北回归线》等小说都曾在波士顿遇到过相似的麻烦。该书还被告上一家洛杉矶法庭，虽然加利福尼亚州的法官裁定小说不涉及淫秽内容，但是直到 1962 年马萨诸塞州最高法院才最终允许其自由发行。

在此期间，巴勒斯从摩洛哥移居到了巴黎，与金斯堡、奥洛夫斯基、格雷戈里·柯索等人同住在一个他们称之为"垮掉派之屋"的地方。那是一处破旧的出租公寓，在波希米亚作家和艺术家之间非常流行。一位名叫布里翁·吉森的先锋派作家兼画家也寄居于此，巴勒斯对他孜孜不倦的"剪裁"创作法产生了浓厚的兴趣。"剪裁"创作法是指通过切割、撕扯或其他方式把艺术材料——诸如书写的文本、录下的语音、电影胶卷等任何东西——分成可塑的单元，然后把它们重新组装、连接成小说结构。达达主义者和超现实主义者也曾尝试过类似的方法，他们（仅举两个例子）曾用从帽子里抓阄取词的方式作诗，用蒙眼拼图的方式作画；但巴勒斯相信吉森的手法所蕴含的可能性远远超越了前人的发现。很快他就开始对词语和图画进行剪裁、折叠并把它们拼贴出许多不同的样式，一切全由机缘和潜意识而定，而非由自我驱使的大脑意识做主。

　　除了制作出几百样拼贴画、蒙太奇照片和录音作品以外，巴勒斯还用剪裁和折叠的方法修订了 1961 年的小说《软机器》及其 1962 年的续集《爆炸的票》。这两部书是"新星"三部曲的前两部。（三部曲以发表于 1964 年的《新星快车》作结，该书原作已非常前卫，巴勒斯并未对它进行改动。）他对剪裁和折叠手法的热情是如此高涨，以至于他一度认为其结果能预测未来。但他最终还是冷静了下来，意识到即使是前卫的突破也有其局限，并坦率而实事求是地承认这些新创作方法有利也有弊。他认为剪裁手法

图 5. 《D 夫人之死》，布里翁·吉森和威廉·S. 巴勒斯共同创作的混合媒介拼贴画。本作品以巴勒斯雄心勃勃的"新星"三部曲第三部《新星快车》中的一个人物命名，反映了巴勒斯对剪裁和拼贴美学的深深迷恋，在塑造巴勒斯文章风格和与吉森共同创造的视觉艺术方面扮演了重要的角色。

得天独厚的优势在于它们为作者提供了自发性和随机性的空间；最好的作品"看起来几乎是偶然完成的"，但是"作家……没有办法制造出自发性情境"，直到他和吉森学会了通过剪裁和折叠来达成这一目的。从其不利的一面来看，他承认："你确实必须对材料进行组合……你不能将一堆杂乱的笔记、想法和念头随意堆砌在一起，指望人们去读……我曾经写过自认为前卫有趣的作品，但实际上它们却不堪卒读。"于是他对那些被剪裁得七零八落的"乱麻团"似的作品进行重写、修改、再组，直到它们在某种程度上能让读者真正领会其意义。他的名字从此便与剪裁法紧密相连。

20世纪60年代，巴勒斯主要居住在伦敦，与吉森和数学家伊恩·萨默维尔（Ian Sommerville）一起着手多个项目，且与电影制作人安东尼·鲍尔奇（Antony Balch）合作拍摄了1963年的电影《塔楼开火》及其他地下实验短片。1971年，巴勒斯发表了《阿里的微笑：赤裸的山达基教》，该书包含了一个短篇故事和一些有关山达基教的散文及文章。山达基教激进地反对经由文化诱导的思想和行为，他几年前之所以加入该教，就是希望能利用这一立场作为锐利武器，对抗他认为现代社会无处不在的操控机制。但是到了 1970 年，他断定山达基教本身就是一种专制体制，即使它的一些观念和实践对寻求精神自由有些帮助。他认定文学是对抗和征服语言暴政的最佳战场。

1974 年，巴勒斯回到纽约，成为了一名兼职英语教授，并开始在全国各地巡回诵读他的作品。到 1981 年发表《红夜之城》一书时，他又开始复吸海洛因。一部分原因是为了戒毒，他搬到了中西部居住，在那儿他越来越沉迷于视觉艺术，并创作出了真正回荡着枪声的"猎枪绘画"：他用猎枪瞄准并击破放在画布前的油漆罐，油漆罐爆裂，油漆喷溅在画布上。1987 年，他完成了自己最后一部小说《西部之地》。他还参与了一些新的合作项目——其中包括与舞台导演罗伯特·威尔森（Robert Wilson）、汤姆·韦茨（Tom Waits）、基思·哈林（Keith Haring）等人的合作——并负责自己的日记以及其他一些未受重视的作品的发表。1997 年 8 月 2 日，巴勒斯在堪萨斯州的劳伦斯市去世，享年 83 岁，远远超出了怀疑论者对这位垮掉派最无可救药的坏男孩的寿命预期。

第四章

垮掉派诗歌及其他：金斯堡、柯索和同伴

在《嚎叫及其他》一书的封底，艾伦·金斯堡对其早年经历作了极简的描述。该书发表于 1956 年，至今仍是他最著名的作品：

佩特森市读高中到 17 岁，念过哥伦比亚大学，商船队里待过，得克萨斯州和丹佛市，报社送稿工，时代广场，朋友入狱，当洗碗工，写书评，墨西哥城，作市场调研，哈勒姆区禅悟，1954 年去尤卡坦半岛和恰帕斯州，在西海岸待了三年。后来到过北冰洋、丹吉尔、威尼斯、阿姆斯特丹、巴黎，在牛津、哈佛、哥伦比亚、芝加哥等大学读书，辍学，1959 年创作《珈底什》，录音留话并隐退于东方一段时间。

不难想象，在这段轻描淡写的描述背后有多少戏剧性的个人经历、激动人心的艺术活动及无所畏惧的精神探索。

金斯堡在一个热衷政治的犹太家庭长大。他的父亲是一位学校教师和诗人，他的母亲是一位左翼活动家，艾伦小时候常去参加共产党集会。他可以说是早期垮掉派中最为严肃的知识分子，尽管哥伦比亚大学（他于 1943 年入学）确实曾因他故意破坏公共财产和（很可能是）在学校搞同性恋而暂停其学籍。正是在哥伦比亚大学他与凯鲁亚克、卡尔（他俩当时也是哥伦比亚大学的学生）、巴勒斯和卡萨迪（他俩不是哥伦比亚大学的学生）结下了友谊。他与卡萨迪有过一段短暂的恋情，后者基本上是异性恋，但他需要金斯堡在写作上的帮助。

金斯堡天性放荡不羁，这些放荡不羁的朋友使得他更加放荡不羁，以至于在当时那个同性关系尚为"文明"社会所不齿的时代，他甚至公开承认自己的同性恋者身份。与他最好的朋友不同的是，他对政治议题有相当大的兴趣；他刚上大学时想成为一名政治家和劳工律师。但是他已经爱上了诗歌，不久写作便取代了最初的计划。除去个人的兴趣偏好外，这个转变还体现出他父亲的影响。他的父亲路易斯·金斯堡（Louis Ginsberg）在新泽西州的一所高中里当教师，还是一位公认的诗人。金斯堡在大学期间写下了大量的诗作，他与友人唱和、到哥伦比亚大学文学杂志上发表，同时亦为练笔。他的大部分诗歌都吸收了传统的结构和技巧，包括韵律。这让他的诗人父亲非常高兴，他深信韵律、音步和诗节是为无尽的词语世界带来美学秩序的手段。金斯堡还潜心研究他最喜爱的诗人的作品。他们包括 18 世纪的英国诗人克里斯托弗·斯马特（Christopher Smart），与金斯堡一样曾在精神病院待过；以及 19 世纪美国游吟诗人沃尔特·惠特曼，与金斯堡一样是个同性恋者。

1945 年夏天，就在哥伦比亚大学暂停其学籍几个月后，金斯堡决定效仿凯鲁亚克几年前的做法，应征商船队。加入美国海运管理处之后，他发现这里远比想象的单调乏味和缺乏浪漫。更糟糕的是，他得了肺炎，而当他要求治疗时却被指控装病，而且还因为在一个禁止入内的盥洗室呕吐而冒犯了上司。"天哪，哥伦比亚大学里那些女里女气的堕落浪子也要比这个鬼地方的一切都有序和认真。"

他当时在给兄长的信中写道。不过，他还是在病假期间读
了很多书，尽可能使自己过得充实些。商船队的服役期甫
毕，他立即复员回归平民生活。

接下来至少有三件事可以称得上金斯堡人生中的转
折点。第一件事发生在 1947 年，长岛朝圣者州立医院的
精神科医生断定他患有精神分裂症的母亲娜奥米·金斯堡
（Naomi Ginsberg）的精神状况已严重恶化，只有进行脑叶
切除术才可缓解病情。金斯堡的父母已经离婚，因此签署
手术同意书的责任落在了金斯堡的身上，他内心充满疑虑
地在同意书上签了字，此后多年一直深感内疚。他母亲给
家里带来了怪异的心理浸染——别的暂且不说，她还是个
家庭裸体主义者，与她共同生活使早年的金斯堡受到了某
种奇特的，有时甚至是不健康的影响，正如他在《献给娜
奥米·金斯堡（1894—1956）的珈底什》一诗中所生动而
犀利地描述的那样。但是他悲悯的天性使他能够与母亲一
起分担痛苦，青少年时代的不稳定状况无疑使他对母亲更
感同身受。

第二个转折点是在 1948 年，当时金斯堡在一次幻想
中看到诗人兼艺术家威廉·布莱克在朗诵其 1794 年的诗

集《经验之歌》中的诗句，此情此景奇迹般地跨越生死界限出现在金斯堡眼前。这次神秘的体验给他带来了足以改变人生的影响，使他确信自己注定要成为一个融通精神世界的诗人及一个"新视界"的有力倡导者。"新视界"是由金斯堡及其朋友设想的定义模糊的美学议题。

这件事也增加了金斯堡的朋友和他父亲的担忧，怕他可能会发疯，因为他受到了幻听的困扰。金斯堡确实处于一个心理脆弱的状态，1949 年发生的一件事进一步动摇了他的稳定状况，虽然许多年轻人会很快忘掉这样的事情：几个从事违法勾当的朋友（其中包括那个作家兼小偷赫伯特·亨克）说服金斯堡把他们偷来的赃物藏到自己的公寓里，这招致了警察上演追车大战，最终违法者偷来的车被撞毁，金斯堡也因此遭到逮捕并被短暂关押。作为出狱的条件，金斯堡成了哥伦比亚长老会医院精神病研究所的一名住院病人，并在那里待了将近一年。这次住院最为长远的影响可能是他与卡尔·所罗门建立起来的友情：卡尔是他住院期间的病友和精神伙伴，后来他将自己 1955 年写成的那首伟大的、突破性的诗歌《嚎叫》献给了卡尔。1950 年 2 月出院之后，金斯堡过了一段"调适"较

好的生活——找了份正常的工作，定期作精神分析治疗，
而且尝试（没多长时间）当异性恋者。他还去寻访那些他
崇拜的诗人，包括他的新泽西州老乡威廉·卡洛斯·威廉
斯（William Carlos Williams）和他到旧金山旅行时遇见的
肯尼思·雷克斯罗思。

　　1955 年金斯堡遇到了他人生中的第三个转折点，即
他在六人画廊的诵诗会上吟诵了他当时尚未完成的《嚎
叫》的第一部分。这件事提升了他的自信心，巩固了他与
旧金山诗人圈的友谊，并促成了他的第一本书（《嚎叫及
其他》）在次年出版。《嚎叫》对金斯堡艺术上的成长及对
垮掉派文学的美学演变有着极大的影响。其主要特征有：
摈弃韵律、音步以及注重分析的新批评派在形式上的种种
戒律；长长的、顺应呼吸节奏的诗句里蕴含丰富的内涵和
联想；对性、毒品及精神病的直接描述；超现实的文字画
面（"黑人街""未刮脸的房间""氢式点唱机"）及虚幻的
意象；催眠的重复语句；而且，第一部分中一系列表现力
丰富的词语和动作唤起了一代人的痛苦记忆，他们被精神
上已死的文化逼疯。这首诗直到今天仍是文学上独一无二
的成就。

《嚎叫》的成功不仅成就了金斯堡个人，也为别人带来了好处，因为他利用刚刚获得的名气开始了一项终生的工作：为朋友和其他创作者担当业余文学代理人，只要他们有上乘的诗歌和散文。正如几年后巴勒斯的遭遇一样，金斯堡因为《嚎叫及其他》一书遭淫秽指控而受审，但这反倒使他名声大噪。

在许多社会主流人士的心目中，以及在美国法律体系的道德规约中，《嚎叫》虽然拥有崇高的文学地位，根植于布莱克、惠特曼、威廉斯和哈特·克莱恩（Hart Crane）的诗歌传统，但这并不能抵消它对非法毒品和非法性行为进行露骨描写带来的恶劣影响。在那个对同性恋充满恐惧的时代，该诗最为大胆的元素是金斯堡对自己同性恋者身份毫无保留的坦白，而正是这一点招致了指控，让出版商兼诗人费林盖蒂到旧金山克莱顿·W. 霍恩（Clayton W. Horn）法官的法庭上出庭受审。克莱顿法官听取了控辩双方大量的证词后，判定该诗具有"可取的社会意义"，因此在法律上并非淫秽之作。

部分由于审判事件带来的知名度，《嚎叫及其他》一书在"无罪"裁决下达前就已售出了 10,000 多册。当时金斯堡正和奥洛夫斯基一起在摩洛哥和欧洲旅行，但是远在海外的他深知这次审判对于自己的名声和言论自由的原则有多么重要。言论自由虽被写入了美国宪法第一修正案，但在那黑暗愚昧的年代里却时常遭到践踏。2010 年，这次审判及相关背景被成功地改编为一部具有教育意义的电影《嚎叫》。这是一部剧情式纪录片和动画的混合之作，由罗布·爱泼斯坦（Rob Epstein）和杰弗里·弗里德曼（Jeffrey Friedman）联合执导，而年轻的金斯堡由詹姆斯·弗兰科饰演。

《嚎叫》和《珈底什》

《嚎叫》和《珈底什》是金斯堡最负盛名的两部诗作，而《嚎叫》一诗包含美国诗歌中最为有名的开场白之一："我看到这一代最优秀的青年毁于疯狂，挨着饿灵魂赤裸歇斯底里 / 拖着身子走过黎明时分的黑人街寻找愤怒的一剂……"这几行长句显然受到了惠特曼的影响，而它们是一行更长诗句的一部分，因为《嚎叫》第一部分是一个单句，在"口袋诗人"版本中长达十几页。在这部作品中，金斯堡的诗歌开始呈现一种直截而跳动的风格，他后来几乎所有的主要作品基本上都延续了该风格。第一部分最具自传色彩，其中提到了一系列金斯堡最喜爱的诗人，从布莱克到埃德加·爱伦·坡（Edgar Allan Poe），以及其他作者敬仰的人物：从卡萨迪、巴勒斯到耶稣和新柏拉图派哲学家柏罗丁（Plotinus）。它还提到了许多城市、医院、恶作剧、悲剧、旅行及金斯堡数量惊人的其他经历。它是对金斯堡到那时为止身体上、心理上和精神上复杂生活的一种记述、证明和悲叹。

第二部分的语言更加富有魔咒色彩，大多数诗行都以《旧约》中摩洛克的名字开头（摩洛克的信徒们以孩童献祭）。在初露端倪的金斯堡神话世界中，摩洛克代表现代工业化社会，它毁灭和吞噬了诗中早些时候提到的许多人物。《嚎叫》是"为卡尔·所罗门"而写的，那个金斯堡在精神病院结识的朋友。第三部分直接与所罗门对话，每一行都以催眠般的重复语句"我跟你在罗克兰"开头。诗篇随后以一段长达两页的"嚎叫脚注"结束，其开头是十五次用"神圣"一词发出的祈祷，接着列述了与这个神圣的字眼相称的令人眩目的各色人物、地点及事物，包括一些看似矛盾的词汇，如"狂喜"和"受难"。金斯堡当时还不是一个彻底的佛教徒，但是《嚎叫》的结尾却生动地展现出一种包罗万象的禅宗精神。

金斯堡在巴黎期间写下了他另外一部名作《珈底什》的核心部分，那是一次在抗睡丸和咖啡刺激下长达 40 小时的自发性写作"马拉松"。据说他在着手誊写诗稿时哭得很厉害，以至于泪水打湿了眼前的稿纸。诗歌的主题是他备受困扰的母亲娜奥米·金斯堡的一生及死亡，金斯堡未能参加母亲的葬礼，因为他当时在西海岸，不能及时赶回纽约。珈底什是一种传统的犹太悼亡祈祷文，但在他母亲的葬礼上却没有吟诵，因为现场没有达到必需的人数（一个祈祷班）。金斯堡内心仍是一个以异象为启示的犹太人，他为这件事深感懊悔，在一个醉酒之夜与一位朋友一起吟诵了祈祷文，他坐下写诗的情景历历在目。

如同《嚎叫》一样，这首诗也分为几部分展开。第一部分回忆了纽约下东区的生活，那里是曼哈顿的贫民区，移民娜奥米还是个女孩时曾住在那里。第二部分，也是诗歌更为精彩的部分，以一种诗意的笔触叙述了金斯堡与家人在一起的生活，表达了他渴望与全家达成一种理解并获得宽恕的迫切心情。这部分描写了艾伦的父亲和兄长，但焦点仍是他的母亲。金斯堡讲述了她在精神上和身体上的所有悲剧性缺陷，包括母亲在他童年时代向他传递的一种失心疯般的性诱惑（在金斯堡看来）。

第三部分是一段怀念往事的祈祷文，第四部分是一段反复吟诵——一行又一行的诗句以"随着你的眼神……"开头——其用意是在他写作时把失去的东西铭刻在自己心中，在读者阅读时铭刻进他们的记忆里。最后部分想象见到了娜奥米的坟墓，听到了聚集在坟头的乌鸦叫声。在诗歌的结尾，金斯堡纯粹的诗歌近乎纯粹声音的普遍性：

上帝上帝上帝呱呱呱上帝上帝上帝呱呱呱上帝

《珈底什》的意义最终体现在金斯堡通过有意识的思考或无意识的直觉精心编排词语，将词语用作宗教护身符。金斯堡本人逝于 1997 年 4 月。被诊断为肝癌晚期，得知生命只剩数月时，他告诉世人自己一直以为会从容地接受这样的消息，但却惊讶地发现自己实际上为此感到**狂喜**。他平静地离世，人们为他举行了一个佛教葬礼。

柯索：深受喜爱

　　格雷戈里·柯索是个非常典型的垮掉派人物：他出生在格林威治村，其后的成长岁月可以说是垮掉派生活的大巡游。与他的垮掉派同伴凯鲁亚克、巴勒斯和金斯堡不同的是，他来自一个工人阶级家庭。柯索一家也问题重重，他童年大部分时间是在寄养家庭和收容机构里度过的，包括管教所和贝尔维医院的儿童病房，他 12 岁因盗窃罪而被送到了这两个地方。出来之后他主要在纽约街头流浪，除了 17 岁到 20 岁期间，他在纽约州北部的一所监狱服刑，过了三年艰苦生活。在监狱里他对文学产生了兴趣，这后来在酒吧里遇到艾伦·金斯堡时起了很大作用。不久他与凯鲁亚克和巴勒斯也交上了朋友。

　　谋生的需要加上垮掉派特有的漫游癖使得柯索居无定所，他在佛罗里达州售房、在洛杉矶为《旧金山观察家报》写文章、随一艘挪威海船出海。他最终在马萨诸塞州的剑桥市定居，临时起意了便到哈佛大学的课堂旁听。那时他已写下大量的诗，足够用于他 1955 年出版的第一本诗集《布拉特尔的贞女及其他》。随后他结交了旧金山诗

歌圈人士，不久后去了墨西哥城旅行。到 20 世纪 50 年代
后期，由于其作品的出版、诵诗会的成功及喜好交际的个
性，他成为了认可度仅次于金斯堡和凯鲁亚克的垮掉派公
众偶像。

如果要说哪一年对柯索至关重要，那么便是 1958 年，
这年城市之光书局出版了他的重要诗集《汽油》及他那首
引起激烈争论的诗《炸弹》，诗歌的诗行长短不一，形成
了巨大的蘑菇云状。同年他还染上了毒瘾，对他随后几年
的创作带来了负面的影响。尽管如此，他在 20 世纪 50 年
代末 60 年代初仍然经常到欧洲旅行，并于 1965 年开始在
纽约州立大学讲授他最喜爱的诗人——浪漫主义色彩浓郁
的珀西·比希·雪莱（Percy Bysshe Shelley）——的作品。

柯索在人们印象中是个诙谐幽默的媒体人物——在垮
掉派如火如荼的日子里，从《时代周刊》和《新闻周刊》
到《靓女》杂志的各个媒体竞相刊登他的言论和照片——
以及两首广为称颂的诗歌《炸弹》和《婚姻》的作者。第
一首诗因为出人意表而引发争议：它既严肃又滑稽，既可
怕又喜气，既神圣又世俗，竟敢通过模仿核爆的喧嚣，以
不可想象之事的拟声为乐（"炸弹哪！浩劫之唱响，熔化

之裂口，轰隆"）。

柯索对政治极为关注，他的作品对自己所了解的美国
之本色亦褒亦贬。但他骨子里也极为玩世不恭，在美国大
力投资核能以应用于民生的时代——同时也引发了不屈不
挠的反核运动——这种将核武器与"噼里啪啦"和"嘻哈
蹦跳"之类的词汇相提并论的说法令左翼人士颇为不耻，
而他们通常对垮掉派的价值观持同情态度。保守派和执中
间路线的人们也对这种说法感到不适，认为过于轻佻和随
意。总之，《炸弹》一诗谁都不讨好，而这正中柯索下怀。

《婚姻》一诗出现于 1960 年柯索备受赞誉的诗集《死
神的快乐生日》中，该诗于 1989 年与《炸弹》一起在他
最后一部书《思想之域》里重新刊出，恰好印在正反两页
上。不难理解《婚姻》为何成为他最受欢迎的诗：它是垮
掉派作家写过的最有趣的诗歌之一，生动地揭示了潜藏
于柯索个性中的中产阶级浪漫情怀，同时又戏谑地将其
解构。

柯索深受垮掉派同伴的喜爱。金斯堡称其为垮掉派
文学运动的发起者之一，冠之以"诗歌队长"的称号，将
之描述为"诗意的用词者"及"政治哲学家"。而当批评

者抱怨柯索有"严重的品行缺陷"时，巴勒斯回敬说诗歌"由缺陷而来"，并说"一个完美无缺的诗人只配做桂冠诗人，他业已死亡且遗体保存不善，散发出令人掩鼻的腐臭之气……我认为格雷戈里要比一顶桂冠更长久，因为他散发出的是**生命**的气息"。

柯索于 2001 年死于癌症。他的葬礼在格林威治村的庞贝圣母教堂举行，他的骨灰葬于罗马雪莱的墓旁。据他的诗人朋友罗伯特·克里利（Robert Creeley）回忆，生病期间他"偶尔恢复清醒，说他已经到达了冥河之滨，但却囊中羞涩，没法付摆渡人卡戎船资，于是只好脚趾先试一试水"。一位诗人到最后时刻尚有如此清明的神志真是何其幸运也。

费林盖蒂：奇迹重生

尽管巴勒斯对桂冠诗人的身份颇为忧惧，劳伦斯·费林盖蒂却正是一位桂冠诗人，只是他既非业已死亡又非遗体保存不善。1998 年，他成为第一个被旧金山市授予该称号的诗人，自 20 世纪 50 年代早期他便已移居这座城市。

　　正如他的许多垮掉派同伴一样，费林盖蒂的童年充满
了困苦。1919 年，他的父亲在他出生前便于纽约市郊去
世，而他的母亲不久后也被送进了精神病院。他和一位亲
戚在法国住了几年，然后进了一家美国孤儿院。后来家人
的有钱朋友决定出手相助，他的状况才有所好转。打这儿
开始他的经历便充满了了不起的成就。他甚至在马萨诸塞
州的一家私立学校读书期间成为了一名鹰童军 [1]，那时他
才十几岁——虽然他也有过许多搭顺风车旅行的经历，而
且还因一项轻罪指控被捕。

　　1937 年，费林盖蒂进入北卡罗来纳大学教堂山分
校学习，之所以选择这里大概是因为他的文学偶像托马
斯·沃尔夫曾在此求学。此后他被派往美国海军服役四年，
在第二次世界大战期间担任海军军官。退役后他回到纽
约，在哥伦比亚大学攻读硕士学位，并深入体验了格林威
治村的生活。1947 年他回巴黎生活了两年，在巴黎索邦
大学获得了博士学位。他在巴黎时遇到了诗人兼翻译家肯

1　鹰童军是美国童子军的最高级别，标准包括得过至少 21 次奖章。

尼思·雷克斯罗思，移居旧金山之后他与雷克斯罗思和编辑兼社会学家彼得·D. 马丁来往密切，并且与后者在1953 年共同创办了城市之光书店。两年后马丁移居东部，费林盖蒂以个人之力扩大了城市之光的经营规模，不仅售书而且还从事图书出版。他启动"口袋诗人系列"图书时，自然而然地想到将自己的诗集《往事如画》首发出版。雷克斯罗思和肯尼思·帕琛的诗集后续相继出版，接着便是金斯堡那部开创性的《嚎叫及其他》，这部书成了一本畅

图 6. 艾伦·金斯堡（身着深色外套）及友人，包括（从左至右）：鲍勃·唐林（Bob Donlin）、尼尔·卡萨迪、罗伯特·拉维涅（Robert LaVigne）、劳伦斯·费林盖蒂。由彼得·奥洛夫斯基拍摄于费林盖蒂传奇的城市之光书店前。城市之光书局曾出版众多垮掉派作家非常重要的作品。

销书（以诗歌的标准而言），在此过程中书刊审查官起了推波助澜的作用，他们的审查让这部书名声远扬。费林盖蒂还是画家、小说家和新闻记者，此外他也是禅宗信徒和无政府主义思想家的朋友。

费林盖蒂最有名的书是 1958 年出版的诗集《心灵的科尼岛》，该书在重印《往事如画》中诗歌的基础上又增添了许多新诗，包括一些专门用来伴着爵士乐大声朗诵的诗歌（如《口头信息》）。我们只需读上寥寥数行，便可领略费林盖蒂诗歌中那种自由精神和严格技艺的独特结合，如在《我在等待》一诗开头的祈祷中他写道："我在等待我的案子开庭受审，我在等待 / 奇迹重生 / 我在等待有人真正发现美国……"很少有垮掉派作家能够像这位诗人、创业者和哲学家那样，尽其所能地去实现这种发现。

卡萨迪：彻头彻尾的牛仔

尼尔·卡萨迪并没有写作（多少作品），但在垮掉派的活动和传说中却是个非常惹人注目的人物。他在丹佛市的一个贫民区长大，由他父亲（马马虎虎地）照料，他父亲是一个无能且常常无家可归的酒鬼，凯鲁亚克和其他人将其描述为流民和废物。卡萨迪小小年纪就成了一个骗钱的老千，他自称在 21 岁前就已经偷盗了超过 500 辆车。

1946 年末，在管教所又待了一段时间之后，卡萨迪和他的第一任妻子（刚满 15 周岁）乘坐巴士去纽约探访一个他认识的哥伦比亚大学学生。这位朋友把他介绍给了金斯堡和凯鲁亚克，后者日后把他作为了《在路上》一书中迪安·莫里亚蒂的原型。凯鲁亚克与这位天生的局外人颇为投缘，如同他小说中的迪安一样，这家伙生平"有三分之一时间在台球房，三分之一时间在监狱，还有三分之一时间在公共图书馆"。凯鲁亚克说他们"在疯狂的程度上相互理解"，还说卡萨迪的才智与金斯堡和巴勒斯一样，"合乎期待、闪光、完整的程度分毫不差"，但是却没有他在其他朋友身上见到的那种"令人生厌的学究故态"。

卡萨迪对垮掉派的第一次炽盛情感献给了金斯堡，金斯堡热烈地爱上了他——而且，热烈得让卡萨迪有点不自在。凯鲁亚克对他们的恋情有点嫉妒，尽管他也承认他们是迷人的一对儿，再次借用《在路上》的话来说就是："一双锐利的眼睛打量着另一双锐利的眼睛——一个是有着闪

光思想的神圣骗徒［卡萨迪］，一个是有着阴暗思想的忧
郁的诗意骗徒［金斯堡］。"金斯堡在其作品中多次提到这
个神圣骗徒，包括《嚎叫》，在这首诗中卡萨迪是 "N. C.，
这些诗歌的隐秘主角，来自丹佛的风流浪子和小白脸儿"。
其诗集《美国的堕落》中有一首《尼尔·卡萨迪挽歌》，
另外一首诗《绿色汽车》则以卡萨迪为中心人物。

卡萨迪对凯鲁亚克的影响作用于三个层面。第一个
层面是他们的友情，这种友情一直很牢固，即使凯鲁亚克
懊恼地发现，卡萨迪对物质刺激的追求至少同对精神的探
寻一样看重，不管卡萨迪多么起劲儿地就宗教思想夸夸其
谈。第二个层面是他们在搭顺风车穿越美国及进入墨西哥
时的伙伴关系，他们一起经历了无休止的冒险，如同《在
路上》所生动描述的那样。《在路上》的一个关键主题是
萨尔对迪安的迷恋，视迪安为垮掉派理想的化身——这种
迷恋几乎近于执迷——小说有点像个悲惨的爱情故事：萨
尔最终意识到垮掉派的理想遥不可及，他厌倦了迪安的鲁
莽做派及其对性的贪欲，决定过一种较为安定、传统的生
活。第三个层面体现在卡萨迪写给凯鲁亚克的两封信《伟
大的性爱函件》和《琼·安德森函件》之中，它们永远地

影响了凯鲁亚克的文章风格。凯鲁亚克声称《琼·安德森函件》长达四万字，但该数字的真实性无法核实，因为金斯堡借阅了这个函件并又将其借给了加州的一个朋友，而那个朋友在船屋边失手把它落入了水中。凯鲁亚克称这封信为"一个完整的短篇小说"及"［他］所见过的最伟大的作品"。

卡萨迪和凯鲁亚克相互影响与鼓励。卡萨迪劝告他的朋友说"只顾写吧，杰克，写吧！忘掉别的一切"，而凯鲁亚克则勉励他的朋友"只写那些让你极度兴奋及让你因狂喜而长时间无法入眠的事情"。据各种传闻来说，让他们中的任何一个"长时间无法入眠"都不是难事，而在疯狂的冒险方面卡萨迪似乎胜过凯鲁亚克更非一星半点。他的确是那个凯鲁亚克在至少六部书中试图捕捉的"神圣傻瓜"形象，在其中的两本中——《在路上》和《科迪的幻象》——卡萨迪还是中心人物和主要灵感来源，代表着凯鲁亚克想要在自己的生活中效仿和体现的那种精神、冒险欲和阳刚范儿。

卡萨迪什么都无所谓的性格既带来了兴奋刺激也带来了大量麻烦。他失去了南太平洋铁路公司的工作，他本来靠这份工作养活第二任妻子，她是卡萨迪第一次婚姻宣告无效后再娶的；然后他在第二段婚姻期间娶了第三任妻子，最终又回到了第二任妻子身边，并重拾了铁路公司的工作。更糟糕的是，他于 1958 年被指控吸食大麻而遭逮捕，在加州的圣昆廷监狱待了两年。正是在这次监禁后，卡萨迪遇到了肯·凯西（Ken Kesey），他发表于 1962 年的首部小说《飞越疯人院》让卡萨迪印象至深。他加入了一伙自称为"快活的恶作剧者"的青年男女中，并为他们担任司机，他们的种种"事迹"被汤姆·沃尔夫（Tom Wolfe）写进了他于 1968 年发表的描述迷幻文化的纪实作品《令人振奋的"酷爱"迷幻剂试验》中。据说卡萨迪在纽约曾专门组织聚会介绍凯西跟凯鲁亚克认识，但这个机会最终化为泡影，因为凯鲁亚克随着年事增长而愈发保守，在聚会上因有人对美国国旗不敬而发怒。

卡萨迪从未成为真正的垮掉派作家。他的书信颇具传奇色彩，其中很多信函被结集成书出版。他还写下了一部自传《前三分之一》的几个章节，金斯堡读后大加称赞，说它"让佛了悟"。费林盖蒂于 1971 年在卡萨迪死后将其出版。但这大概就是卡萨迪所有作品的情况了，虽然有大量的文字书写关于他的故事，诸多作者中包括他的第二任妻子卡罗琳·卡萨迪，她的书《不在路上》讲述了他们之间 20 年的关系。

很难说假如卡萨迪活到 40 多岁以后是否会写出更多的作品。或许他的写作潜能会被酒精和毒品所扼杀，正如最终发生在凯鲁亚克身上的那样。或者他也可能逐渐成熟为一个多产的作家，与读者分享他那浩如烟海的荒唐往事。他也渴望讨论一些严肃的话题。"与我们不在一起时他总在谈论他的精神信仰。"卡罗琳·卡萨迪写道，不过她也坦率地补充说，他常常言行不一。

我们永远不会知道卡萨迪可能会成为什么样的人了。在墨西哥圣米格尔-德阿连德镇度过了一个放纵之夜后，他沿着一条废弃的铁道前往 15 英里外的临村。他身上唯一的衣服是一件 T 恤衫和一条牛仔裤，毒品、酒精和恶劣天气的共同作用使他招架不住，昏倒在轨道旁，第二天早上才被发现。几个小时后他在医院死于长时受冻。在一篇以卡萨迪为原型的短篇故事中，小说家和"恶作剧者"肯·凯西讲述了一个垮掉派传说，煞有介事地称当时卡萨迪一边走一边数铁路上的枕木，他的最后一句话是：

"六万四千九百二十八。"然而卡萨迪昏倒时只身一人，因此我们永远无从得知这个传说的真实性。关于他那极度活跃的一生最确定的事就是他对垮掉派、"快活的恶作剧者"及许多遇到过他的人所带来的影响。斯奈德道出了这种影响的实质，他说："使凯鲁亚克和金斯堡迷恋于卡萨迪的是他那种典型的西部活力，那种边疆的活力，它仍在不断流淌。卡萨迪是彻头彻尾的牛仔。"

霍尔姆斯：几近确凿的事实

约翰·克列农·霍尔姆斯 1926 年出生于一个古老的新英格兰家族。据他自己讲述，在其近亲中，父亲是个"感伤主义者"，母亲会带他去参加降神会，还有"一个二代表亲，他能记住征服者威廉（William the Conqueror）入侵英格兰的日期，却想不起自己的名字"。

霍尔姆斯十几岁时，已开始写作诗歌和散文了。如同他的一些垮掉派友人那样，他在第二次世界大战期间找到大量时间来阅读，当时他在长岛的一家医院服役，后因慢性偏头痛而退伍。首次结婚并在哥伦比亚大学待了几年后，他开始发表诗作。差不多在他遇到凯鲁亚克和金斯堡，且 1952 年《纽约时报》发表他名为《这就是垮掉的一代》的文章的同时，他首次为垮掉派带来了全国性关注，并促使他们松散的运动有了实实在在的名字。在他 1968 年发表的散文集《无可宣言》的 "代表性人物" 部分，他对凯鲁亚克和金斯堡作了特别生动的描述。他为凯鲁亚克起的称号是 "伟大的记忆家"，给金斯堡的称号则是 "意识拓展者"。

在他 1952 年发表的首部小说《去吧》中，霍尔姆斯还将凯鲁亚克和金斯堡连同卡萨迪、亨克等人塑造成重要人物。后来他称这部小说是关于垮掉派早年活动的 "几近确凿的事实"，小说直接取材于他的工作日志（除了人物是匿名的之外）。在小说描写的众多真实性事件中，至少有两件让人感到匪夷所思和手足无措的事情，跟大多数作家所能虚构出来的故事一样。在一件事情中，那个以凯鲁亚克为原型的人物获悉一家出版社同意出版他的第一部小说；而就在同一天，那个以霍尔姆斯为原型的人物得知他的第一部小说遭到了出版社拒绝。在另外一件事情中，一个狂放不羁的朋友（即现实生活中的比尔·卡纳斯特拉）

醉醺醺地跨入一辆纽约地铁的车厢，又决定再回到酒吧喝上一杯，便试图从车窗爬出来，而此时地铁已开始加速驶出站台并进入一个狭窄的隧道，他瞬间被撞身亡；此事让垮掉派众人大受震动。上述两件事都确实发生过，霍尔姆斯借保罗·霍布斯——那个代表作者本人的稍嫌拘谨的叙述者——之口作了审慎的讲述。

《去吧》远非一部畅销之作，但其平装本版权的出售为霍尔姆斯带来了一笔不菲的收入。他和第二任妻子搬出了垮掉派如鱼得水的纽约市，来到了康涅狄格州的旧塞布鲁克镇，从此定居于斯。他在这里创作了第二部小说《号角》，故事背景设定在 1954 年，于 1958 年写成发表。主人公是堪萨斯城的萨克斯乐手埃德加·普尔，其原型是莱斯特·扬（Lester Young）和查利·帕克（Charlie Parker），后者的去世为小说最后部分提供了灵感。小说的其他角色则基于爵士乐传奇人物，诸如比莉·荷莉戴（Billie Holiday）和迪齐·吉莱斯皮（Dizzy Gillespie）；霍尔姆斯还用其他一些音乐家角色来代表像艾米莉·狄金森（Emily Dickinson）和埃德加·爱伦·坡这样伟大的美国作家，从而实现了凯鲁亚克模糊音乐与文学之边界的思想，使小说基调更为复杂多变。在重返诗歌领域耕耘之后，霍尔姆斯又完成了一部小说《免费回家》，虽然发表于 1964 年但其背景仍是 20 世纪 50 年代早期。主人公是一对夫妇，所作所为乃垮掉派作风——一起住在格林威治村、前往欧洲旅行、重游故乡、分手，最后（并未明言地）又重归于好。晚年霍尔姆斯主要在大学教书，并创作诗歌与散文。1988 年他死于癌症。

有一段时间霍尔姆斯曾认为自己是垮掉一代的一分子，但后来他倾向于视自己为垮掉派的观察者和记录者，而非实际成员。与凯鲁亚克和金斯堡的友谊使他成为垮掉派圈子形成期的中心人物，凯鲁亚克把他写进了自己的三部小说——《在路上》《科迪的幻象》《地下人》——以及梦志小说《梦之书》。然而凯鲁亚克似乎视霍尔姆斯为文学上的对手。在《地下人》中，那个凯鲁亚克的替身利奥·佩瑟皮耶在描述霍尔姆斯的替身巴利奥尔·麦克琼斯时称他为"我文学上的死敌……从前跟我亲密无间……我们常常一起聊天交流，彼此借书阅读，咬文嚼字，以至于这个可怜的傻瓜实际上受到了我的某种影响，不过他仅是学会了我的言谈及风格，主要是嬉皮士、垮掉一代或地下人一代的历史而已"。佩瑟皮耶接着讲他如何与小说中金斯堡的替身亚当·穆拉德一起阅读麦克琼斯的第一本小说，并"对手稿持批评态度"。佩瑟皮耶还说这本书出版后为麦克琼斯挣了大把的钱，这使他和穆拉德觉得麦克琼斯"与我们不是一类人——而是来自另外一个世界——市中心傻瓜的世界"。

凯鲁亚克显然对霍尔姆斯利用自己的"影响"来获利感到不满，这种不满后来愈发强烈，因为霍尔姆斯在写作《号角》一书时，居然不请自来闯入了爵士乐领域，而凯鲁亚克视其为专有领地。尽管如此，1953 年当霍尔姆斯把《号角》的第一章作为短篇故事投给《发现》杂志时，他还是为其美言。凯鲁亚克一生有不少缺陷，但对朋友不忠却不在其中。

雷克斯罗思：并非一只昆虫

肯尼思·雷克斯罗思生于 1905 年，比凯鲁亚克和金斯堡大约年长 20 岁，早在垮掉派出现之前就是一位著名的旧金山作家、翻译家及先锋派诗歌一个新的分支的先驱。作为六人画廊诵诗会的司仪，他在发起旧金山文艺复兴运动和推动最初的垮掉派成员一飞冲天方面起了重要作用。1956 年城市之光书局出版了《嚎叫及其他》之后，他还在淫秽指控的庭审中为金斯堡辩护。而这些都颇具讽刺意味，因为雷克斯罗思最终对垮掉派群体产生了强烈的怀疑。

他对垮掉派幻灭的直接原因是凯鲁亚克那种爱搞恶作剧的做派。雷克斯罗思不喜欢凯鲁亚克在《达摩流浪者》中对其乡绅派头和"刻薄好笑的嗓音"的描述，而六人画廊诵诗会结束后不久凯鲁亚克及其朋友到他家里纵情狂欢，更是让他心生不悦。但是雷克斯罗思不愿与垮掉派群体为伍还有更深层次的原因。首先，他不喜欢从属于任何运动；他曾于 20 世纪 30 年代加入客体派诗人，但很快就与之分道扬镳。其次，对于视觉艺术中与超现实主义和立体主义有关的实验性形式，他比大多数垮掉派成员都更感兴趣。此外，他比一般的垮掉派成员更具知识分子意识，常常创作出一些复杂深奥的诗歌，展示他从哲学到亚洲文学等不同领域的渊博学识。他还具有强烈的政治情怀，致力于和平主义和生态保护事业——在这些方面他与金斯堡

和斯奈德之类的人志趣相投，而与凯鲁亚克和巴勒斯之类
的人毫无共同语言。

很可惜雷克斯罗思与垮掉派没能维持更紧密的联系，
因为他们有很多共同之处。雷克斯罗思痛恨从众主义、热
爱自然，信奉诗歌是一种口头艺术形式，喜欢伴着爵士
乐诵读自己的作品，视爱为最伟大的人类圣事，沉浸于
亚洲文化，而且他在 1982 年去世前的几年里致力于创作
佛教诗歌。据批评家摩根·吉布森（Morgan Gibson）所
言，从个人层面来看，他有"间歇性癫狂症、自杀倾向
及一个浪漫诗人所有的无常性格"；然而从公众层面来看，
他助推了"一个反主流文化运动在世界范围内的传播……
从而在诗歌、散文和演讲中挑战了那种给现代文明蒙上不
祥阴影的无法消除的战争思维"。雷克斯罗思还有一种令
所有垮掉派人物都艳羡的旺盛精力——结过四次婚、出版
了近 60 本书，配得上了垮掉派诗人大卫·梅尔策（David
Meltzer）对他的描述：一位"鼓吹无政府主义、持自由论
的狂野西部魔法圣人"。

雷克斯罗思对垮掉派的作品往往直言不讳。据金斯堡
自己讲，雷克斯罗思称他早年的诗歌《梦之录，一九五五

年六月八日》为一部"矫揉造作而又有点学究气的"作品。雷克斯罗思还写道,凯鲁亚克那部洋洋洒洒的诗歌《墨西哥城布鲁斯》"与其说是荒唐可笑,倒不如说是不值一提",并补充说把这样的冗词赘语当作诗歌发表是"天真的无耻"。但是最终让他兴致索然的是垮掉派圈子这个整体。在一篇关于旧金山文艺复兴运动的文章中,一位《时代》杂志的作者曾称雷克斯罗思为"垮掉派之父",对此他用一个文学上著名的奚落回应:"一位昆虫学家并非一只昆虫。"

斯奈德:禅宗与自然

没有人能比加里·斯奈德本人——自然知识的爱好者和禅宗大师——更恰当地描述他自己的作品了。他在2005年为其诗集《留在雨中》所作的序言中写道:

人们说,那原初而古老的佛陀是普世众佛之中唯一朴实无华的佛……朴实无华有时也是艺术的一个重要特征。我推崇极为朴素的诗歌,并幻想能写出一些绝对平淡无奇的绝妙好诗。这是个有趣的想法——但事实上这是非常困难的。其中一些尝试之作就收录在这部诗集中。同时，诗人自然也会在诗歌的形式、谐趣、内涵等方面进行尝试。这些诗作也收录在这部诗集中。

接着他列数了这一部诗集中形式各异的诗歌，称它们"既有争议又显做作，既有质朴的沉思默想，又有花哨的文字游戏，还有反俳句短诗、形式练习、批判性陈述等"。他补充说：这些汇集到一起，"我笃信其多样之形式，并喜欢其怪异之特性"。

作为六人画廊诵诗会的诵读者之一，斯奈德成为了崭露头角的垮掉派圈子的参与者，尽管与大多数来自美国东海岸的垮掉派核心成员不同，他出生于旧金山，在太平洋西北地区长大。斯奈德对自然及印第安生活的迷恋始于童年时代，他对书本的热爱也一样。在获得了人类学和文学学位后，他便开始了这两个领域的研究生课程，但出于对禅宗佛教日益坚定的信仰，他将主要兴趣转向了东方语言和文化。1956 年至 1968 年间，他在日本居住了多年，学习禅宗并从事翻译工作。

这些兴趣——热爱大自然，对印第安部落生活、广义而言的亚洲宗教思想及具体而言的禅宗思想感兴趣——逐步浸润到斯奈德的生活和诗歌当中。他那沉浸于自然的生活还使他成了一名坚定的环保主义者；除了在诗歌中探索相关主题外，他还常常就环境问题进行写作和讲学。凯鲁亚克把他作为《达摩流浪者》的主人公，书中的贾菲·赖德不经意间便会流露出一种禅宗气度。

斯奈德早年的几部文集勾勒出了他后来作品的大体方向。发表于 1959 年的诗集《砌石》呈现出一种极简主义和内省的风格，邀请读者参与体验诗人的日常生活。次年发表的叙事组诗《神话与文本》取材于大量典故和文献，根本上是为了将神话与文本——也许它们大体上对应潜意识与意识——描绘成一个精神上统一的整体的两个部分。另一部重要的诗集《僻野》（1968）表现了斯奈德从美国西海岸到日本、印度，最后又回到美国的身体和玄学之旅。该诗集以他在六人画廊诵诗会上诵读的《浆果盛宴》一诗开始，以日本诗人宫泽贤治（Miyazawa Kenji）的译诗结束。斯奈德发现，自己在一些重要方面与宫泽表达的情感心有戚戚焉。

斯奈德已成为生态诗学（自然诗歌）的一位重要人物及生态批评（与环境有关的文学批评）践行者讨论和研究的焦点之一。文学界给予了他众多荣誉，从普利策奖（1975）、博林根诗歌奖（1997）到约翰·海自然写作奖（1997）等，他还是第一个荣获佛教传道协会颁发的佛教传播奖（1998）的美国人。虽然就斯奈德持久的声誉而言，这些奖项可能无法超越《达摩流浪者》的影响力，但持久的声誉似乎根本不是他考虑的问题。

琼斯/巴拉卡：黑人激进主义

百变诗人和剧作家阿米里·巴拉卡于1967年将名字从勒鲁瓦·琼斯改为现用名，他是20世纪50年代后期和60年代早期格林威治村纷纭杂沓的波希米亚文化圈的中心人物，也是当时圈内为数不多的——可能是唯一的——非裔美国作家。他和妻子海蒂·科恩（Hettie Cohen）是《幽玄》杂志的联合主编，这是一本文学杂志（其名字为日语词汇，包含着某些神秘玄妙之意），发表过凯鲁亚克、金斯堡及其他一些垮掉派人物的作品。他还与戴安娜·迪·普利玛合作编辑《漂浮的熊》，一本始于 1961 年的小杂志，通过美国邮政发行诗歌，没几年便销声匿迹；杂志各期内容于 1973 年重印为一部长达 578 页的诗集，名为《漂浮的熊：1961—1969 年通讯》。巴拉卡于 1961 年完成了他的第一部诗集《二十卷绝命书序言》，两年后发表了颇有影响力的研究《蓝调生灵：白人美国的黑人音乐》。1964 年他的独幕剧《荷兰人》获得了享有盛名的奥比奖（即外百老汇戏剧奖），该剧讲述了一个白人女子和一个黑人男子在纽约地铁上的一场情绪一触即发、最终死亡收场的相遇。

到《荷兰人》一剧完成和上演时，巴拉卡因认为垮掉派的反叛本质上疏离政治、自我陶醉，而对此持严厉的批判态度。在更名改姓之后他经历了被冠以黑人民族主义者、激进社会主义者，乃至新泽西州桂冠诗人的不同阶段，后来在他写作《有人炸掉了美国》一诗之后被剥夺了桂冠诗人的头衔。该诗暗示 2001 年 9 月 11 日对美国的袭击是由来自以色列和乔治·W. 布什（George W. Bush）政府的阴谋家一手策划的；甚至还暗示当日数千以色列籍员工待在家里，因为他们事先收到了袭击预告。虽然巴拉卡话术言过其实，且对垮掉派运动充满了幻灭感，但他对主流社会规范的挑战从未停止；他继续与更具政治倾向的垮掉派人物一起保持激昂的战斗精神，这些人物中金斯堡、柯索及费林盖蒂表现尤为突出。

迪·普利玛：激进主义、神秘主义、母亲身份

从 20 世纪 50 年代到在格林威治村落脚时，诗人、小说家、摄影师、画家及政治活动家戴安娜·迪·普利玛年龄尚小（她于 1934 年出生），只能算是最初那批垮掉派人物的门徒，但后来她成了垮掉派运动中最重要的女性人物之一。她从十几岁时就知道写诗是她的天职；"我们中有人会作诗，"她后来写道，"那是诸神馈赠的一件礼物"。在纽约与凯鲁亚克、金斯堡和巴拉卡见面之后，她移居旧金山并留了下来，最终于 2009 年成为了该市的桂冠诗人。

迪·普利玛的传记读起来像是一部典型的垮掉派个人成就录。她于 20 世纪 50 年代结识了埃兹拉·庞德，在这一时期还与金斯堡、费林盖蒂等诗人保持频繁的通信联系。在垮掉派即将声名鹊起之时，她结交了凯鲁亚克、柯索、

奥洛夫斯基及他们的朋友。不久后她的首部诗集《这种鸟倒着飞》于 1958 年发表。她从宗教领域和世俗生活两者汲取素材，其诗歌极为依赖直觉，又经精心雕琢，反映了她作为女权主义者、编辑、佛教徒，以及五个孩子的母亲所获取的真知灼见。

迪·普利玛是诗人学院、诗人出版社及纽约诗人剧院的创始人或共同创始人，在 20 世纪 60 年代的大部分时间里与巴拉卡一起编辑《漂浮的熊》通讯杂志。她在旧金山与掘土派[1]人物合作，与罗伯特·邓肯和大卫·梅尔策一起在加利福尼亚新学院发起诗学项目，与他人共同创立旧金山魔法与治疗艺术学院，并且在许多其他学院教过书。在此期间她研究佛教和炼金术，成家生子，并发表了几十部作品。

作为女权主义者、艺术家和波希米亚文人，迪·普利玛多彩的职业生涯具有一个显著特征，即她在男性主导的垮掉派圈子中为女性问题发出了有力而优雅的声音。她的

1　其名称源自 17 世纪英国内战时期的掘土派，是 1966 年至 1968 年间由旧金山一群街头戏剧演员和激进社会活动家组成的团体，政治上左倾，主张建立一个摆脱金钱和资本主义影响的社会。

作品有 40 多部，包括诗集《时间之书》（1970）、《洛巴：
卷一和卷二》（1998）、《革命信札》（2007 年修订版），短
篇小说集《晚餐与梦魇》（1961）及自传《披头族回忆录》
（1969）、《一个女人的生活回忆录》（2001）。垮掉派作家
中很少有人能比她更多才多艺或多产。

凯西：快乐的恶作剧

肯·凯西召集了号称"快活的恶作剧者"的一伙人，
他们因汤姆·沃尔夫在小说《令人振奋的"酷爱"迷幻剂
试验》中的描写而千古留名。这部小说本身就是一部新新
闻主义的力作，该流派第一人称参与式的叙事风格读起来
常有一种垮掉派的风味。凯西在旧金山北滩社区住过一段
时间，深受当地垮掉派的喜爱，并在志愿当"小白鼠"做
毒品实验时发现了迷幻剂的"妙处"。"恶作剧者"喜爱漫
游，他们乘坐一辆装饰得光怪陆离的大巴车穿越美国。尼
尔·卡萨迪是第一批驾驶"远行"号（那辆大巴车的名
字）的司机之一，一行人到达纽约后，他将凯西介绍给了
他在那里的垮掉派朋友，尽管其时是 1962 年，凯西感到

垮掉派已是明日黄花了。凯西的主要作品是发表于 1962
年的小说《飞越疯人院》，该书写作风格平淡无奇，但在
敌视权威方面却颇具垮掉派之风。

考夫曼：口头文学、沉默誓言

鲍勃·考夫曼在垮掉派全盛期的知名度没有巴拉卡大，
但在随后的岁月里，因其作为一名非裔美国垮掉派诗人所
做的贡献，人们对他的尊敬与日俱增。考夫曼于 1925 年
出生，父亲是德国犹太人，母亲是信奉罗马天主教的黑人。
他刚十来岁就加入了商船队，在接下来的 20 年里随商船
周游世界。20 世纪 40 年代早期他搬到格林威治村，在社
会研究新学院短暂地学过一段时间文学。他与金斯堡和巴
勒斯结为好友，随他们一起移居旧金山，并在那里逐渐形
成了一种完全口语化的诗歌风格，作诗乃为诵读和表演，
而不是写在纸上发表。他还是《至福》的共同创办人，这
是旧金山的一家杂志，主要面向大有可为的年轻诗人。

20 世纪 60 年代早期，考夫曼深受毒瘾和法律麻烦的
困扰。1963 年约翰·F. 肯尼迪（John F. Kennedy）总统遇

刺对他影响至深，此后多年他谨遵佛教的沉默誓言，过着深居简出的生活。生前他在法国和英国要比在美国更为有名，但是在他的诗集《古老的雨：1956—1978 年诗集》及其他一些署名作品中，他创作的那些超现实主义的、富有比波普节奏感的诗歌将会永远为人铭记。

瓦尔德曼：愤怒、狂喜

诗人和教育学家安妮·瓦尔德曼比最早的垮掉派人物年轻了 20 到 30 岁——她属于下一代人——因此尽管在格林威治村长大，她直到 20 世纪 60 年代过半时才进入垮掉派圈子。她很快就追回了失去的时光，与所有人都建立起了深厚的友谊，从艾伦·金斯堡和迈克尔·麦克卢尔，到罗伯特·邓肯和卢·韦尔奇（Lew Welch），以及许多其他与垮掉派群体有密切关系之人。

瓦尔德曼早年起就对诗歌和戏剧产生了兴趣，1968 年她担任农场圣马可堂诗歌项目的主管，这是一座位于曼哈顿、在进步艺术实验方面有着悠久历史的庄严教堂。20 世纪 70 年代早期受精神导师丘扬·创巴的影响，她接触到了佛教，于是将佛教中的吐纳和吟诵元素融入诗歌创作。她最具价值的贡献之一是 1974 年和金斯堡在科罗拉多州的那洛巴学院建立了杰克·凯鲁亚克虚体诗歌学院。

作为一名诗人，瓦尔德曼将语言上的平易近人与写作上的高超技巧相结合，这种技巧使她能够通过信手拈来的绝妙好词表达各种议题，从强烈的个人关切到周遭万象激发的种种思绪——近至桌前灯光，远至寰宇海外，无所不包。她还有一种激烈的文化和政治上的愤怒情绪，这与她

图 7. 诗人、表演家和教育学家安妮·瓦尔德曼比最早的垮掉派人物年轻了 20 到 30 岁。她的作品中充满了文学天赋和一种强烈的文化与政治上的热情。另一项重要成就是于 1974 年同艾伦·金斯堡一起在科罗拉多州的那洛巴学院创立了杰克·凯鲁亚克虚体诗歌学院。

佛教上的感悟奇妙地相互交错。作为表演家，瓦尔德曼有着无比充沛的精力，她在公众面前吟诵和吼读自己的诗歌，其狂热的劲头连萨满巫师都会为之叹服。不管是在书页中还是在舞台上，她都是垮掉派运动最为响亮的声音之一。1994 年她在《女性宣言》中这样描述自己的职业："她——这位实践者——希望去探索和参与文化领域所有那些被埋没的、被消声的、有争议的事情……她将要挑战她的父辈、她的丈夫、男性伴侣、精神导师。她要把整个语言大厦弄个底朝天，瞧瞧那会是什么样子。"对此她的作品给出了振奋人心的回答。

第五章

垮掉派与流行文化

20 世纪 50 年代和 60 年代早期，垮掉派和披头族声名远扬、无人不晓。事实上，他们的名头远远超过了他们的人数。人人都知道他们，许多人对他们敬而远之——这很有趣，因为在任何时候美国的垮掉派成员都未超过几千人，而其中只有少数人通过散文或诗歌作品成功吸引到大量读者。他们当中只有不到百分之十的人（大约 150 人）曾发表过作品。但这些都没能阻止大众媒体汹涌澎湃的热情，它们利用人们对垮掉派人物、场所和产品的广泛兴趣大做文章、大牟其利。

今天，如同 20 世纪 50 年代一样，人们对垮掉一代的印象通常是来自诸如《血流成河》之类的电影，该电影拍摄于 1959 年，讲述的是一个疯癫的咖啡馆艺术家的恐怖故事；或诸如《逗比情事多》之类的老电视剧，该剧中主人公的披头族朋友梅纳德·G. 克雷布斯穿着件破烂的运动衫，留着蓬乱的山羊胡，无精打采地到处溜达，很讨观众喜爱。较晚一些的流行文化产品塑造了相同的形象，例如，在约翰·沃特斯（John Waters）1988 年执导的电影《发胶》中，浑身上下一抹黑的披头族涂鸦作画、敲打手鼓。很难消除人们的这些印象，但往好里说这是一种夸张的表现形式，往坏里说就是彻头彻尾的错误示范。

最正宗的垮掉派人物从形象到衣着都不像垮掉派，因为那些迂腐夫子所执的刻板印象正是他们极力逃避的。而且只有少数人留胡子。所有人都衣着朴素，"穿着打扮都是普通工人阶级的风格，只在中产阶级眼里才会显得与众不同"，一位社会学家写道。

鼎鼎有名的垮掉派人物衣着打扮各不相同。艾伦·金斯堡头发蓬乱（头顶光光）、胡子拉碴。相比之下，以英俊著称的杰克·凯鲁亚克通常看起来像一位在休假的工人，头发梳得整整齐齐，衣裤穿着低调而传统。威廉·S. 巴勒斯——文章风格最为惊世骇俗的那位作家——的穿着打扮在垮掉派中倒是最为讲究的，一身西服量裁得体，头

图 8. 由鲍勃·丹佛（Bob Denver，右）饰演的电视情景喜剧《逗比情事多》中的人物梅纳德·G. 克雷布斯成为了他那个年代最出名的流行文化中的披头族。德韦恩·希克曼（Dwayne Hickman，左）饰演的阳光帅气的主人公是克雷布斯剧中最好的朋友。该剧于 1959 年至 1963 年由哥伦比亚广播公司播出。

发剪烫过后发型时髦。

　　必然地，垮掉派的形象随着岁月的流逝不免有所转变。金斯堡在 20 世纪 60 年代越来越邋遢，但随着年龄增长，他又开始整洁起来并更专注于大学教书。因酗酒而衰颓的凯鲁亚克对自己的外貌越来越不在乎。巴勒斯自始至终西装革履，到最后看起来更像是个负责任的年长公民，而非存活于他心中的那个反传统斗士。如果说确实存在过

一种垮掉派形象的话，那么它在垮掉派文学运动繁荣兴盛
的早期就已经一去不复返了。

格林威治村和爵士乐

垮掉派对个人蜕变的看法使他们往往居住于那些主流
环境不会对他们造成太大拖累的地方。20世纪50年代，
纽约是几乎所有一切官方或非官方的总部所在，但对于垮
掉派的吸引力却恰恰在于它庞大的城市空间提供了一种大
隐隐于市的可能。怀着这样的思想，垮掉派在曼哈顿不停
地从一个地方搬到另一个地方，从哥伦比亚大学和时代广
场附近搬到哈勒姆和下东区，期间还在布鲁克林和布朗克
斯逗留。

尽管垮掉派会永远与格林威治村联系在一起，但他们
其实并没有在那里住过多长时间。到20世纪40年代早期，
该地区已经中产阶级化和商业化，往日的波希米亚活动圈
子——20世纪初期的无政府主义者、第一次世界大战年
代的非传统作家——已成过眼云烟。对大多数垮掉派人物
来说，格林威治村只是众多常去的去处之一，而非传说中

他们**唯一**流连的去处。尤其吸引他们的是时代广场的人行道、小饭馆、自动售餐机等昼夜不息的喧闹场所，这种环境更粗鄙破落、更刺激有料，不那么讲究整齐划一，比今天的时代广场要好玩得多。

垮掉一代的重要灵感来源之一是现代爵士乐的兴起。这发生在 20 世纪 40 年代和 50 年代，当时垮掉派还很年轻，正在努力寻找效仿的榜样和奋斗的目标。

爵士乐起源于美国历史早期，那时的边缘人群——穷人、黑人、贫民区居民——渴望在没有受过正式教育，甚至不会识谱的情况下用音乐来表达自己。新奥尔良孕育了旋律交错复杂的迪克西兰爵士乐 [1]，而芝加哥、密西西比三角洲、堪萨斯城则产生了蓝调音乐。第二次世界大战前及其期间，职业白人乐手对爵士乐进行了吸收，将它与欧洲乐曲风格相融合，结果产生了摇摆乐或"大乐队"爵士乐，这种爵士乐需要大乐队而不是小乐队按照写好的编曲（即乐谱）来演奏。这给了独奏者即兴创作连复段落的

---

1 又称热爵士乐、传统爵士乐，是一种相对早期的爵士乐类型，源自美国路易斯安那州新奥尔良，演奏者常于钢琴、吉他等的韵律乐段以小号、短号、长号、单簧管即兴创作一些复音音乐。

空间，但是整个乐队还得依据乐谱，否则演奏就会乱套。虽然摇摆乐可以做到活泼生动且充满了想象，但个人创造力却受到了限制。而个人创造力是——或曾经是——爵士乐的精要。

这个问题因一种新型爵士乐而得到解决："波普"或"比波普"爵士乐，名字来自其切分节奏。例如，在迪齐·吉莱斯皮的经典歌曲《咸花生》中，"咸**花生**，咸**花生**"一句的重音落在了错位的比波普节拍上。听众一时无法接受波普乐，甚至连一些爵士乐大佬起初也为之困惑；乐队领队卡布·卡洛韦（Cab Calloway）说他觉得波普乐听起来像中国音乐。但是许多爵士乐艺术家都为波普乐带来的新机会而激动，因为他们能够离开大乐队，回归到人少而亲密的小乐队。

小乐队爵士乐最大的优点在于，它开拓了人人都可随时即兴创作的空间。波普乐曲的演奏往往围绕一首流行歌曲的和弦，有时则是其旋律进行，乐队中每位成员——以及大多数听众——都已对其了然于胸，这就提供了一个基本框架，使得即兴创作得以发生、发扬、自由发散。接下来发展出了"自由"或"外部"爵士乐，它摒弃了事先确定的和弦进程，这样独奏者在演奏中突然冒出的任何及一切念头都可以拿来即兴创作。不受限制的自发性对比波普爵士乐及其衍生而来的爵士乐类型都至关重要。

所有的垮掉派成员都喜欢爵士乐，但是在这方面凯鲁亚克表现得最为狂热，他运用金斯堡所称的"自发性的波普韵律"的做法，以书面文字的形式再现现代爵士乐的精神。他那具有传奇色彩的即兴写作尝试不仅直接源于他对即兴创造的热爱，而且直接源于他这样一种大胆的观念：作家不应该——也不应该被**期望**——在写作中停下、修改或更正他们的文字，一如爵士乐即兴演奏者不应该在乐队乐池中或夜总会舞台上停下来更正音符。

金斯堡对爵士乐没有那么痴迷，但是他创作的那些长句诗歌，从《嚎叫》到《冥府颂》再到其后的作品，在很大程度上都可见爵士乐手，尤其是他钦佩的萨克斯乐手身上那种广泛即兴创作的影响。巴勒斯的剪裁和折叠创作法类似波普艺术家对常见歌曲进行的改编，尽管从巴勒斯的情况来看——尤其在他那些激进小说如《软机器》和《爆炸的票》中——这种非线性的最终产物看起来更像"外部"爵士乐，完全不受任何规范的束缚。

除即兴创作外，垮掉派还喜欢波普乐那种引经据典的风格，这使得乐手不仅能够循环使用和弦结构，甚至还能够随心从热门歌曲中借用一些人们熟知的曲调，这种借用有时是为了表达由衷的敬意，有时则是一种音乐上的玩笑。金斯堡的诗歌指涉广泛，从孩提时代的记忆到宗教文本和动物发出的声音无所不有。巴勒斯的作品也常涉足出人意料的领域——如《酷儿》和《毒虫》中他的生活经历，以及在他更具野心（也更为离奇古怪）的小说中那些生动的梦魇想象。可是，在这方面最突出的仍要数凯鲁亚克。《萨克斯医生：浮士德第三部》是一个很好的例子：这部小说包罗万象，从平铺直叙的故事和随心所欲的诗歌，到孩提时代的幻想、新闻标题、剧本对话片段、一个故事中的故事、几个基于他早年生活的"阴郁的图书电影"场景。在其小说《科迪的幻象》和史诗《墨西哥城布鲁斯》中，类似的爵士乐般的文字片段比比皆是。

除凯鲁亚克之外，约翰·克列农·霍尔姆斯在其小说《去吧》中生动地表达了垮掉派对爵士乐的热情，没有人能就此胜他一筹。在小说中他写道，20世纪40年代的现代爵士乐中，年轻人听到的不仅是音乐，还是"一种对生活的态度、一种行走的方式、一种语言和一种服装；这些内向的孩子（一场战争导致的情感上的弃儿，他们要么太年轻而没能参战，要么在战争中失去了纯真）以前从未感到自己属于何处，现在终于感到了某种归属"。

影迷

因电影兼有视听之娱，它自然成了垮掉派的一个娱乐之源。垮掉派沉迷于爆裂、素描以及其他依赖于对声与景有敏锐反应的写作技巧。的确如此，垮掉派核心人物都是电影迷。"电影给了我巨大的快乐，几乎是能让我从如影随形的枯燥生活中暂得解脱的唯一途径了。"时年 11 岁的金斯堡在日记中写道。巴勒斯认为有一部隐伏的"现实电影"在操控着我们的生活，他说在剧本创作的技巧的影响下自己深信，能够"以具体的视觉语言进行思考对一位作家来说几乎是一个基本要求"。垮掉派有时甚至梦想制作自己的电影，创造不掺杂好莱坞商业主义元素的好莱坞魔术。凯鲁亚克曾考虑制作一部以友人既为虚构角色又为真实人物的电影。金斯堡曾幻想制作《地球上的巴勒斯》，一部与佛教相关的科幻电影。

　　只有一部电影——1959年由摄影师罗伯特·弗兰克（Robert Frank）和画家阿尔弗雷德·莱斯利（Alfred Leslie）共同执导的短片《拔出雏菊》——可以说是真正的垮掉派电影，因为影片的旁白是凯鲁亚克，演员包括金斯堡及其他垮掉派人物。另外一部拍摄于1959年的电影具有垮掉派情感，但不为其所主导：这部杰出的电影《影子》由约翰·卡萨维兹（John Cassavetes）导演并编剧——但并非即兴创作，尽管电影最后的演职人员表中有一句让人误解的话。卡萨维兹当时刚刚踏上大胆创新的职业生涯，立志成为一个标新立异的反好莱坞电影人。以垮掉派为噱头的电影倒是更为常见。诸如拉斯洛·拜奈代克（Laslo Benedek）导演的《飞车党》（1953）及尼古拉斯·雷（Nicholas Ray）导演的《无因的反叛》（1955）之类的通俗剧情片让马龙·白兰度（Marlon Brando）、詹姆斯·迪恩（James Dean）等规规矩矩的演员摇身一变成了随时准备反叛周遭一切的无政府主义一代的象征，观众也为之深深着迷。"约翰尼，你究竟在反抗什么呀？"在《飞车党》中，正派的女孩米尔德丽德这样问道。对此那个硬气的飞车骑手回答："你有什么好货呀？"现在这句话听起来没什么大不了，但在当时却引起了很大的争议，使得《飞车党》在英国被禁演，直到 20 世纪 60 年代后期才解禁。1960 年凯鲁亚克的小说《地下人》被拍成了电影，由乔治·佩帕德（George Peppard）扮演凯鲁亚克的替身利奥·佩瑟皮耶，法国女演员莱斯莉·卡龙（Leslie Caron）扮演玛窦·福克斯，小说中她是个黑人女子，但在电影中成了白人——这一变化是由于在涉及种族与性别问题时，好莱坞长期以来的偏狭心态在作怪。后来的讲述垮掉派相关故事的电影，包括约翰·拜勒姆（John Byrum）导演的冗长沉闷的《心跳》（1980）、大卫·柯南伯格（David Cronenberg）导演的呆板匠气的《赤裸的午餐》（1991）、瓦尔特·萨列斯（Walter Salles）导演的酝酿多时的《在路上》（2012）等，这些电影质量参差不齐，但对题材的处理却表现出一种更认真的态度。

道德恐慌！

美国普通大众所持的对立立场和怀疑态度在宣扬垮

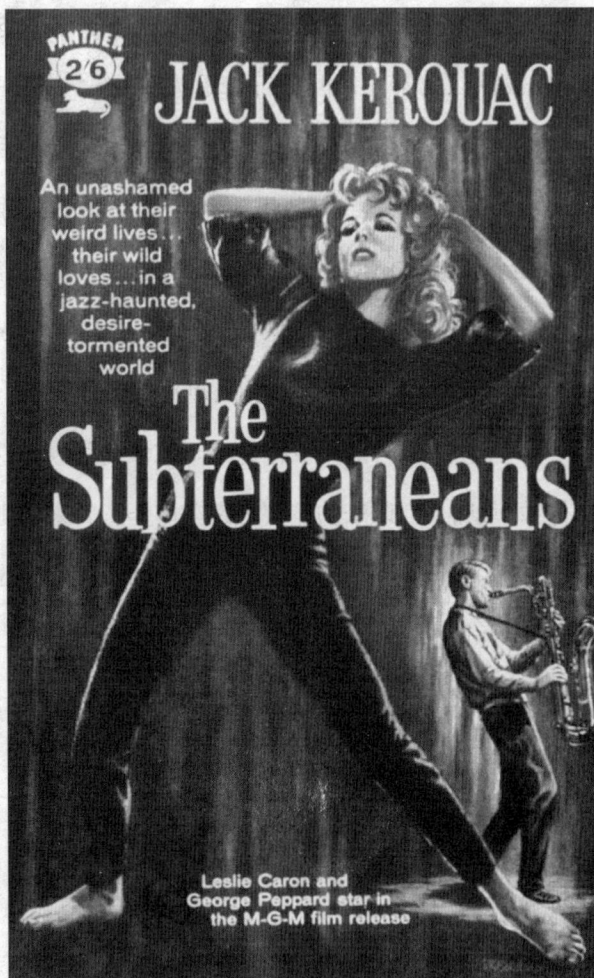

图 9. 流行文化利用垮掉一代的名气——当然也包括恶名——大牟其利,
这表现在很多方面。比如: 杰克·凯鲁亚克的中篇小说《地下人》于
1958 年由格罗夫出版社出版后, 美洲狮出版社又用一版更俗艳的封
面重新出版。与 1960 年由小说改编的电影一样, 新版小说封面将书
中人物玛窦·福克斯由黑人女子改为了白人女子。

掉派亚文化的过程中起到了相当大的作用。垮掉派的一个
重要策略是在正统文化中掺入颠覆性的色彩——以工作服
取代商务西服、以爵士乐风格的摇摆乐取代麦迪逊大街的
陈词滥调、以对禅宗和平安宁之境的渴望取代新教徒的工
作伦理。这常常在人们心中激起一种道德上的恐慌，他们
害怕美国的生活方式——即那种白人的、已婚的、中产阶
级的、城郊的生活方式——可能会受到某种威胁，他们不
明白为什么这些年轻的逆子会被允许如此放肆地以反传统
为乐。

　　大众媒体对垮掉派文化既怀有敌意又感到困惑，它们
在嘲笑垮掉派的同时又使得他们名声大噪。一个典型的例
子是保罗·奥尼尔（Paul O'Neil）的一篇配图文章《周遭
唯一的反叛》，这篇文章在美国最为流行的杂志之一——
《生活》杂志 1959 年的一期上发表。奥尼尔把垮掉派比作
一群叮在一个多汁甜瓜上的果蝇，甜瓜意指艾森豪威尔时
代的美国。文章的照片沿用了类似的基调。一张取名《委
顿于床》的照片上，金斯堡坐在一张凌乱的床上抚弄一
只暹罗猫，照片的文字同时指出，另外两个人柯索和彼
得·奥洛夫斯基也住在这套不大的公寓里。其裁定之意甚

明：这帮人生活邋遢，不足为道也！一张称为《胡闹》的照片上，金斯堡开玩笑地朝柯索做出"吓人的鬼脸"，这验证了凯鲁亚克的观点：媒体想把垮掉派与暴力联系在一起。凡此不一而足。最为辛辣的是伯特·斯特恩（Bert Stern）的一张照片，照片上可见一间垮掉派的居室，屋里有大麻，有一首在打字机里打了一半的诗，还有一个睡在地板上的垮掉派婴儿。

这是一幅丑陋的画面。但这样的照片在 20 世纪 50 年代的中产阶级杂志上不难见到，这类杂志往往把垮掉一代与贫民街、廉价旅馆、流民营地及棚屋区联系在一起。尽管通篇充满了虚构与谎言，这篇《生活》杂志上的文章深远地影响了公众对垮掉派生活方式的态度。

第六章

垮掉派的遗产

名声赫赫的"六十年代"直到 1964 年才进入如火如荼的阶段。作为众多的里程碑之一，那年 1 月"披头士"乐队同时以专辑《遇见披头士！》及单曲《我想握住你的手》赢得了第一批美国粉丝，次月他们便来到美国进行首次巡回演出。他们所处的时代确实在以越来越快的步伐不断变化前进。

把垮掉派与嬉皮士相比较，就相当于把不可言喻的个人幻想与对社会政治激进主义的日益重视相比较。两个群体都有革命的目标，但是垮掉一代主要追求一种朝向**内部的变化**，而最知名的嬉皮士则期望**外部的**变化，这种变化不仅深嵌于个人意识，而且铭刻于世界万物。尽管如此，垮掉一代与爱的一代¹有许多共同之处；从某些方面来说，簪花嬉皮士的使命是垮掉派主要诉求的一种延伸。

以毒品为例，像凯鲁亚克和金斯堡这样的垮掉派人物最初为毒品所吸引，是因为他们的许多文化英雄——从爵士乐的偶像到混街头的潮人——都推崇毒品所带来的感观系统性错乱。在六十年代，随着时间的推移时尚的影响越来越大，像"披头士"乐队和鲍勃·迪伦（Bob Dylan）这样的名人都鼓吹一种致幻的神秘感，这与公众对占星术、东方宗教及其他形式的神秘和玄奥之事日益增长的兴趣一拍即合。然而吸毒带来的那种随心所欲的风气却有一种强烈的政治色彩。

不管社会曾经在个人与政治之间划分过什么界线，它们在性、毒品及摇滚的紫色迷雾中已消失殆尽。凯鲁亚克对此不感兴趣，越来越深地陷入他狭小的个人天地。金斯堡则走向了另一个极端，他留着嬉皮士发型，穿着潮流服饰，转而信奉毒品、自由以及用爱改变世界的能力。金斯堡比任何其他的垮掉派人物都更为清楚地认识到，那种不

1　即嬉皮士一代。

可言喻的个人幻想已经成为新生的浮华一代不可阻挡的愿望，他对此衷心支持，并以一种非暴力但旗帜鲜明的方式反对战争、审查制度、所有形式的偏见与歧视，以及富人不应有的剥削穷人的特权。随着20世纪70年代接近尾声，人们开始对这个时代的过分放纵表示反对。1980年罗纳德·里根（Ronald Reagan）当选美国总统，强化了一种一直持续到21世纪的保守的反革命逆流。或许正因如此，对垮掉派的自发性及实验精神的兴趣一直不减，即使到了战后年代也长盛不衰。

散文与诗歌

"尽管传统具有无可争辩的强大力量，"托马斯·品钦（Thomas Pynchon）在一篇回忆性散文中提及自己和同仁时写道，"我们仍受到各种离心力的吸引，比如诺曼·梅勒（Norman Mailer）的散文《白种黑人》、随手可得的爵士乐唱片，以及杰克·凯鲁亚克所著的《在路上》，我至今仍认为它是伟大的美国小说之一。"这段话反映了垮掉派写作带来的连锁反应，品钦自己的作品中也有许多类似

垮掉派的描写。在他 1963 年发表的首部小说《V.》中有
一个"全病帮",这是一群社会异类,其中包括了一个"患
紧张症的表现主义"艺术家;他 1973 年发表的代表作《万
有引力之虹》呈现出一种透露着垮掉派天马行空的自发性
精神的表现主义幻想。在 1985 年一篇散文中回顾其早期
作品时,品钦描述了他在受到垮掉派及其他创新作家启迪
时的激动心情:"至少有两种截然不同的英语可以被允许
在小说中共存。何止是允许!这种方式的写作的确是能行
的!谁想得到呢?其结果令人激动、让人放飞驰骋、使人
欢欣鼓舞。这不是一个要么这样要么那样的问题,而是一
种可能性的延展。"

在品钦第一部小说发表的数年之前,威廉·加迪斯
(William Gaddis)1955 年出版的小说《公认》用大幅篇
章描写了曼哈顿下城的派对场景,在这些派对上他与凯鲁
亚克、金斯堡和巴勒斯等人共度时光;他于 1975 年发表
的关于一个早熟孩子的小说《JR》是一部毫不逊色的大
胆之作,凭足以与巴勒斯相媲美的愤激之词抨击了美国的
物质主义。加迪斯在凯鲁亚克的小说《地下人》中以哈罗
德·桑德的角色出现。

　　20 世纪 50 年代的严肃诗歌深受现代主义原则和新批评相关理念的影响，前者如 T. S. 艾略特倡导对指涉与客观性的强调，后者视理想诗歌为一种优雅的有机形式，受完美的内部逻辑所辖制。唐纳德·霍尔（Donald Hall）、罗伯特·帕克（Robert Pack）和路易斯·辛普森（Louis Simpson）等文坛诸君选编了一部主要收录年轻诗人作品的选集《英美诗人新编》，由此划定了一道战线。该诗集于 1957 年出版，随后几年陆续有新版本问世。金斯堡抓住机会提交加里·斯奈德、菲利普·惠伦、迈克尔·麦克卢尔、菲利普·拉曼蒂亚、查尔斯·奥尔森（Charles Olson）、罗伯特·克里利，以及其他志趣相投的诗人的作品，但均被拒绝，选编者倾向于那些更易为人接受的诗人，如霍华德·内梅罗夫（Howard Nemerov）和阿德里安娜·里奇（Adrienne Rich）等。在选集美国部分的引言中，帕克说美国诗歌分成了两个对立的阵营：学院派和垮掉派；他声称垮掉派更受欢迎只是因为流言蜚语比真正的文学更有市场。"如果他嗜酒如命、至死方休，"帕克慷慨陈词，"如果他在一场诵诗会上脱光衣服，或者如果他参加一场总统就职典礼，而不是因为他诗歌的内容或品质"，公众就会认为一个诗人有趣。

　　然而此后不久，格罗夫出版社出版了《美国诗人新编：1945—1960》，一部全新的更具包容性的选集。该书的编辑唐纳德·艾伦（Donald Allen）声称别的选集代表"封闭的形式"，而他的选集则主张"开放的形式"，在选篇时较少体现教条主义与形式主义。艾伦的选集第一次对近期出现的先锋派诗歌进行了全面的梳理，并使用鲜明的标签——垮掉派、纽约诗派、黑山派[1]等——来划分和确定不同的诗人。这些标签有点简单化，但该书却确立了金斯堡作为新兴的美国新诗运动的领袖之一地位，并展示了由拉曼蒂亚、麦克卢尔、克里利、凯鲁亚克、奥洛夫斯基、柯索、费林盖蒂及其他一些诗人所开创和发展的新写作方式的蓬勃生机。现今在大多数阅读、教授英语的地方，垮掉派文学都被视为一种真正的文学。

音乐

　　在 20 世纪 50 年代，音乐家排队为垮掉派的诗歌朗诵

---

[1]　源出美国北卡罗来纳州的黑山学院。该校在艺术的教育与实践上极具实验性和影响力，造就了许多先锋派艺术家，但已于 1957 年停办。

会提供爵士乐伴奏，阿尔·科恩（Al Cohn）、祖特·西姆斯（Zoot Sims）及演奏钢琴的电视名人史蒂夫·艾伦等艺术家出现在凯鲁亚克朗诵或演唱的专辑中。金斯堡自己成为了一名音乐家，在数不清的音乐会和唱片中演唱、吟诵、拉簧风琴为自己伴奏，并与流行音乐偶像约翰·列侬（John Lennon）、保罗·麦卡特尼（Paul McCartney）、"杰斐逊飞机"乐队、"感恩而死"乐队、"冲撞"乐队等合作。费林盖蒂极为崇拜约翰·凯奇（John Cage），一位致力于偶然技法和即兴创作的作曲家（他与黑山派有关联）。伟大的古典作曲家、极简主义学派奠基人之一菲利普·格拉斯（Philip Glass）用金斯堡的诗歌作为其两部主要作品的歌词：《氢式点唱机》，一部创作于 1990 年的重唱与合奏曲；《第六交响曲：冥府颂》，一部创作于 2001 年的女高音和管弦乐队乐曲。后一部曲子有两个版本，其中一个版本灌录了金斯堡的诗朗诵，所诵之诗即那首激发了乐曲创作的诗歌。

作为一位兼顾写歌的诗人，鲍勃·迪伦在安·查特斯那部重要选集《"垮掉的一代"作品集》中占有一席之地。一些观察家认为，英国的"节拍音乐"（beat music）及垮掉一代的精神都与后来流传千古的英国摇滚乐队"披头士"（The Beatles）1960 年选定的那个名字有某种联系。该乐队成员毫无疑问都非常崇拜巴勒斯，其大头照出现在他们 1967 年发行的专辑《佩珀中士的"寂寞之心俱乐部"乐队》封面上的人物群像中。在其职业生涯的后期，巴勒斯对朋克摇滚乐产生了兴趣，与行为艺术家和音乐家劳丽·安德森（Laurie Anderson）一起演出，与歌手汤姆·韦茨合作，从而把垮掉派遗产传给了新一代爱好音乐的听众。

绘画、雕刻与摄影

垮掉派的自发性、创新性和内省也在视觉艺术中得到了有力的体现，以抽象表现主义呈现其最为纯粹的形式。抽象表现主义运动出现于垮掉派诞生之前的 20 世纪 40 年代，蓬勃发展于垮掉派大行其道的 20 世纪 50 年代，行动派画家杰克逊·波洛克（Jackson Pollock）、威廉·德·库宁（Willem de Kooning）等和色域派画家海伦·弗兰肯塔勒（Helen Frankenthaler）、克莱福德·斯蒂尔（Clyfford

Still）等为其最有名的代表。一般来说，行动派绘画可以与凯鲁亚克叫人喘不上气的行文和比波普爵士乐的炽烈奔放相类比，而相对静止的色域派画作则使人想起斯奈德和雷克斯罗思诗歌的冥思玄想及西海岸冷爵士乐的安静深沉。诸如埃尔斯沃思·凯利（Ellsworth Kelly）和唐纳德·贾德（Donald Judd）等极简主义艺术家的作品则类似于凯鲁亚克的俳句诗作。

垮掉派作家对生活文化的热心参与使得他们的作品与波普艺术之间建立起了联系。波普艺术为画家贾斯珀·约翰斯（Jasper Johns）和罗伊·利希滕斯坦（Roy Lichtenstein）等人所开创，并在安迪·沃霍尔（Andy Warhol）出色的绘画、雕刻和电影作品中达到了辉煌的艺术顶点。罗伯特·劳申贝格（Robert Rauschenberg）拼贴画般的"组合艺术"使用现成物品作画，与垮掉派作家使用日常生活中的"现成语言"写作颇为类似，且许多垮掉派成员和艺术家对超现实主义和达达主义的共同兴趣激发了一切事物——从"即兴艺术表演"到激浪派 [1] 艺术家的

1　活跃于 20 世纪 60 至 70 年代的一个激进的国际文艺流派，提出了一些新的艺术主张，如"中介艺术""观念艺术""录像艺术"等。他们中的大多数以反商业和反艺术为己任，强调概念而非成品的重要性。

概念性作品——的活力。与旧金山的"怪怖艺术"[1]群体有关联的艺术家包括布鲁斯·康纳（Bruce Conner）、华莱士·贝尔曼（Wallace Berman）、罗伯特·纳尔逊（Robert Nelson）、罗伯特·弗兰克等垮掉派相关人物。

　　垮掉派文化在摄影中同样也有充分的表现。金斯堡成了一名重要的摄影师，从20世纪40年代后期直至去世拍摄了大量令人难忘的照片。罗伯特·弗兰克那部影响深远的摄影集《美国人》发行了一个由凯鲁亚克作序的美国版，该序言与弗兰克那洞察一切而又兼收并蓄的视界恰相吻合。

　　巴勒斯是垮掉派中与视觉艺术关系最为密切的一位，这始于他发现剪裁创作法后所制作的蒙太奇照片和剪贴簿。后来他发明了"猎枪绘画"，再后来又转向抽象表现主义更为传统的一些形式，并在这方面与基思·哈林和罗伯特·劳申贝格展开合作。费林盖蒂也致力于视觉艺术。他为《诗歌杂集》一书——1992年城市之光书局出版的凯鲁亚克诗集——所绘制的封面就是一个有力的例证，显

1　一场反对抽象表现主义非客观性的艺术运动，以稀奇古怪的物品表现非理性艺术，20世纪60至70年代主要活跃于美国加州湾区。

示他有能力挖掘内在生活不为人们所发现的本质。格雷戈里·柯索也创作绘画和素描，大多是为自己的诗歌配图，这些作品展示出他对线条的把握，让人想起让·科克多（Jean Cocteau）的艺术。

最让人感兴趣的是凯鲁亚克多年来断断续续创作的绘画和素描作品。大多数作品的激情表达强于艺术技巧，但是他的一些素描作品表现出一种与他的自发性写作完全一致的亲密和戏谑。他对待艺术很认真，告诉朋友说要是他没有成为一位作家，他肯定会成为一名画家。在推测为什么如此多的垮掉派作家为视觉艺术所吸引时，批评家埃德·阿德勒（Ed Adler）写道：他们寻求"拓展自己人类学的探索，开阔自己纪实性的观察，他们大胆迈步，跨入了那个广大无边的另类感官世界，超越了辩证法的限制，超越了冗词赘语，超越了文本的词汇限制，超越了文字本身，来到了这样一个地方，在这里，他们可以找到那个不可言喻的额外之物，并借此来充实并更充分地发展自己的全部生活"。

美国之外的垮掉派

威廉·S.巴勒斯在纪录片《凯鲁亚克怎么了？》中说：
"整个垮掉派运动已成为世界范围的文化革命，绝对的史
无前例。此前从未有过这样的事情。其影响甚至伸延到了
阿拉伯世界，那可是一个不受外界打扰的社会。还有就是
他们与活跃于六十年代的政治活动家有着密切的联系——
尽管垮掉派最初并不涉及政治，但一些具有政治倾向的成
员其实一直追随这场垮掉派运动，直至其自然终结。"

巴勒斯说得没错。垮掉派的伦理观、美学观和社会价
值观已经远远地跨越了美国国界，部分是因为垮掉派理念
有着强大的影响力，部分是因为垮掉派自己也是文化上的
借鉴者。试想巴勒斯对摩洛哥生活的迷恋，凯鲁亚克对其
法裔加拿大根脉的眷念，金斯堡在欧洲和印度的游历，日
本艺术对斯奈德和惠伦的影响，以及巴黎的"垮掉派之
屋"的魅力，就不难明白了。

"蓝色霓虹巷"网站找出了在世界不同地方说着不同
语言的形形色色垮掉派相关群体：法国四个，俄罗斯、澳
大利亚、西班牙、意大利和英国各两个，日本、丹麦、挪

威和德国各一个。在捷克斯洛伐克、荷兰、中国及其他地方召开过垮掉派研讨会议。然而,对有关垮掉派新领地的报道应持谨慎态度,因为不谙时髦的观察家常赋予"垮掉派"一词种种含义,其中一些并不恰当。吸引这些"垮掉派"的不是城市场景本身,而是中产阶级生活的诱惑以及尽情享用美国名牌商品的可能,这实际上是对垮掉派的滑稽模仿而已。凯鲁亚克写的是《在路上》,而不是"在商场"。

垮掉派、嬉皮士、都市浪人与赛博朋克

不管是垮掉派的核心人物还是其追随者都没有解决垮掉派哲学中一个基本的矛盾:一方面是试图影响文化和社会的**外向型**欲望,另一方面是寻找美学和精神上至纯之境的**内向型**动力。这两者之间的冲突并没有困扰他们,因为他们擅长在头脑中同时持有两个或更多的相互抵牾的观点。他们总是能够以一种禅宗之超然来解释自身的矛盾,视其为愉悦的修行。

垮掉派所承担的使命十分模糊,这恰恰说明了它为何具有经久不衰的吸引力。从"朋克一族"到"都市浪人",

从"X世代"[1]到"千禧世代"和"占领"活动家，这许多青年文化群体的名称就足以说明，他们传承了垮掉派的衣钵，结合了反抗权威时的尖锐锋利与面对明确抗议对象时的玩世不恭。这些群体通常缺乏垮掉派在精神创造力和直觉智慧方面的自信，但总体而言，他们对自上而下的组织，合宜、得体、庄重等传统守旧的观念持怀疑态度，与垮掉派如出一辙。《纽约时报》上的一篇评论甚至把垮掉派与保守的茶党运动[2]相比较，指出两个群体都为美国抗议者常有的同一意识形态所驱使：呼吁个人自由。

垮掉一代的影响至今还存在，其反叛的价值观在那些对社会文化现状担忧的年轻人中间又重新流行开来。20世纪90年代和21世纪社会上出现的赛博朋克甚至可以说是垮掉派的异卵双生兄弟，他们脾气暴躁，独来独往，在奋力抵御主流文化的同时，试图为更多激进的运动铺平道路（或许如此）。如今，垮掉派的思想精华一如其盛行时一样，仍然迸发着振奋人心、充满活力、摧枯拉朽之力量。

1　"X世代"是指1965年至1980年间出生的美国人。

2　名称出自1773年波士顿茶党的倾茶事件，其最终导致了1775年美国独立战争的爆发。现代则指于2009年初开始兴起的美国保守政治运动，该运动呼吁降低税收，支持"小政府"原则，由自由意志主义、保守主义和右翼民粹主义的支持者组成。

百科通识文库书目

历史系列：

美国简史   探秘古埃及

古代战争简史   罗马帝国简史

揭秘北欧海盗

日不落帝国兴衰史——盎克鲁–撒克逊时期

日不落帝国兴衰史——中世纪英国

日不落帝国兴衰史——18 世纪英国

日不落帝国兴衰史——19 世纪英国

日不落帝国兴衰史——20 世纪英国

艺术文化系列：

建筑与文化   走近艺术史

走近当代艺术   走近现代艺术

走近世界音乐   神话密钥

埃及神话   文艺复兴简史

文艺复兴时期的艺术   解码畅销小说

自然科学与心理学系列：

破解意识之谜	认识宇宙学
密码术的奥秘	达尔文与进化论
恐龙探秘	梦的新解
情感密码	弗洛伊德与精神分析
全球灾变与世界末日	时间简史
简析荣格	浅论精神病学
人类进化简史	走出黑暗——人类史前史探秘

政治、哲学与宗教系列：

动物权利	《圣经》纵览
释迦牟尼：从王子到佛陀	解读欧陆哲学
死海古卷概说	欧盟概览
存在主义简论	女权主义简史
《旧约》入门	《新约》入门
解读柏拉图	解读后现代主义
读懂莎士比亚	解读苏格拉底
世界贸易组织概览	